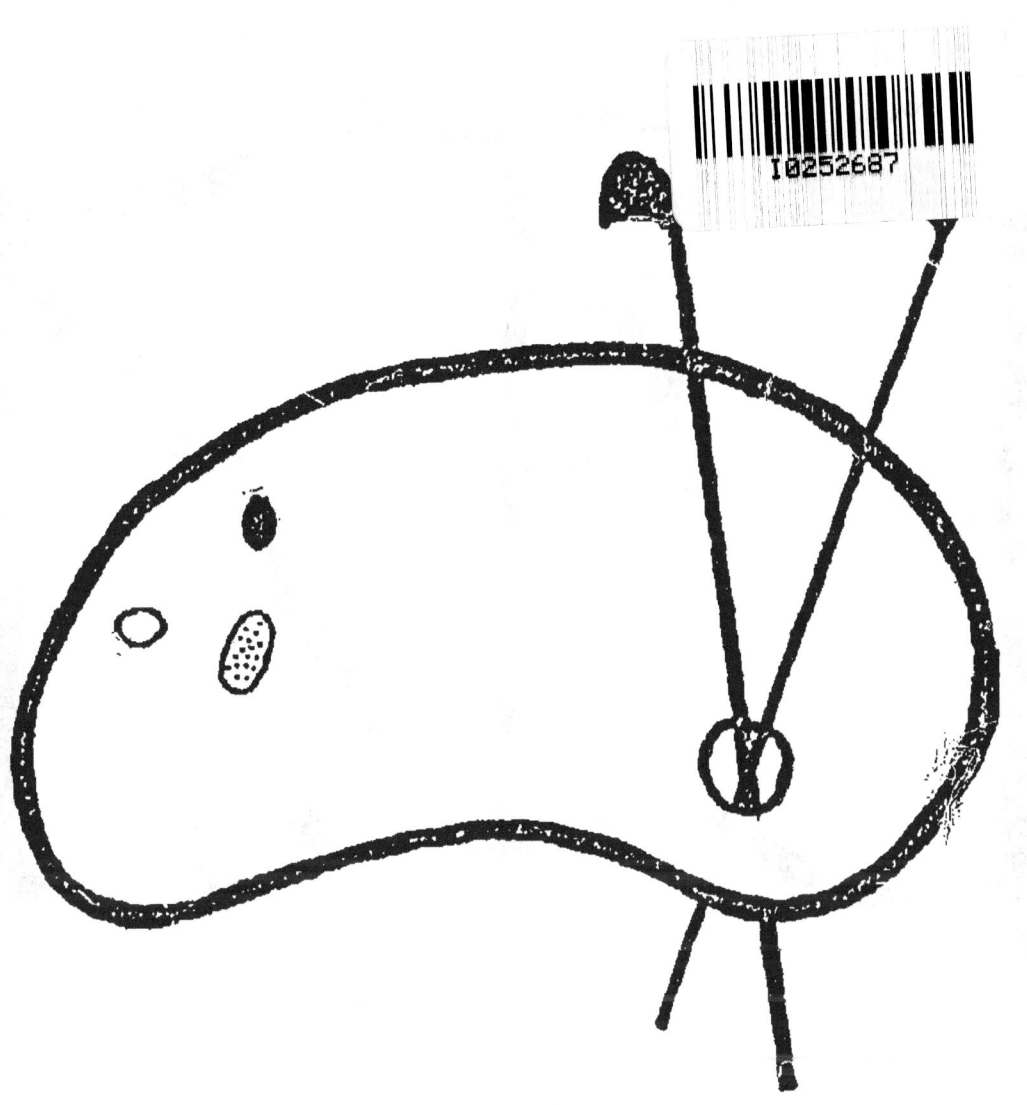

COUVERTURE SUPERIEURE ET INFERIEURE
EN COULEUR

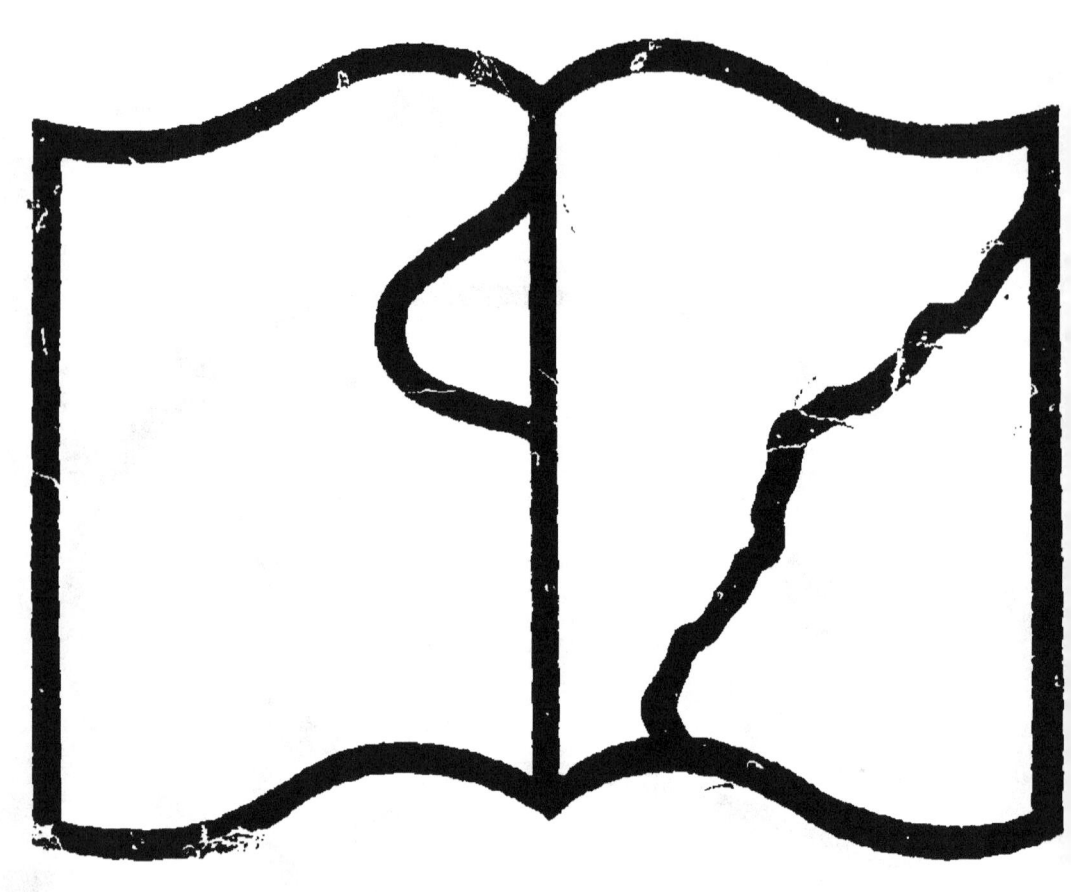

Texte détérioré — reliure défectueuse
NF Z 43-120-11

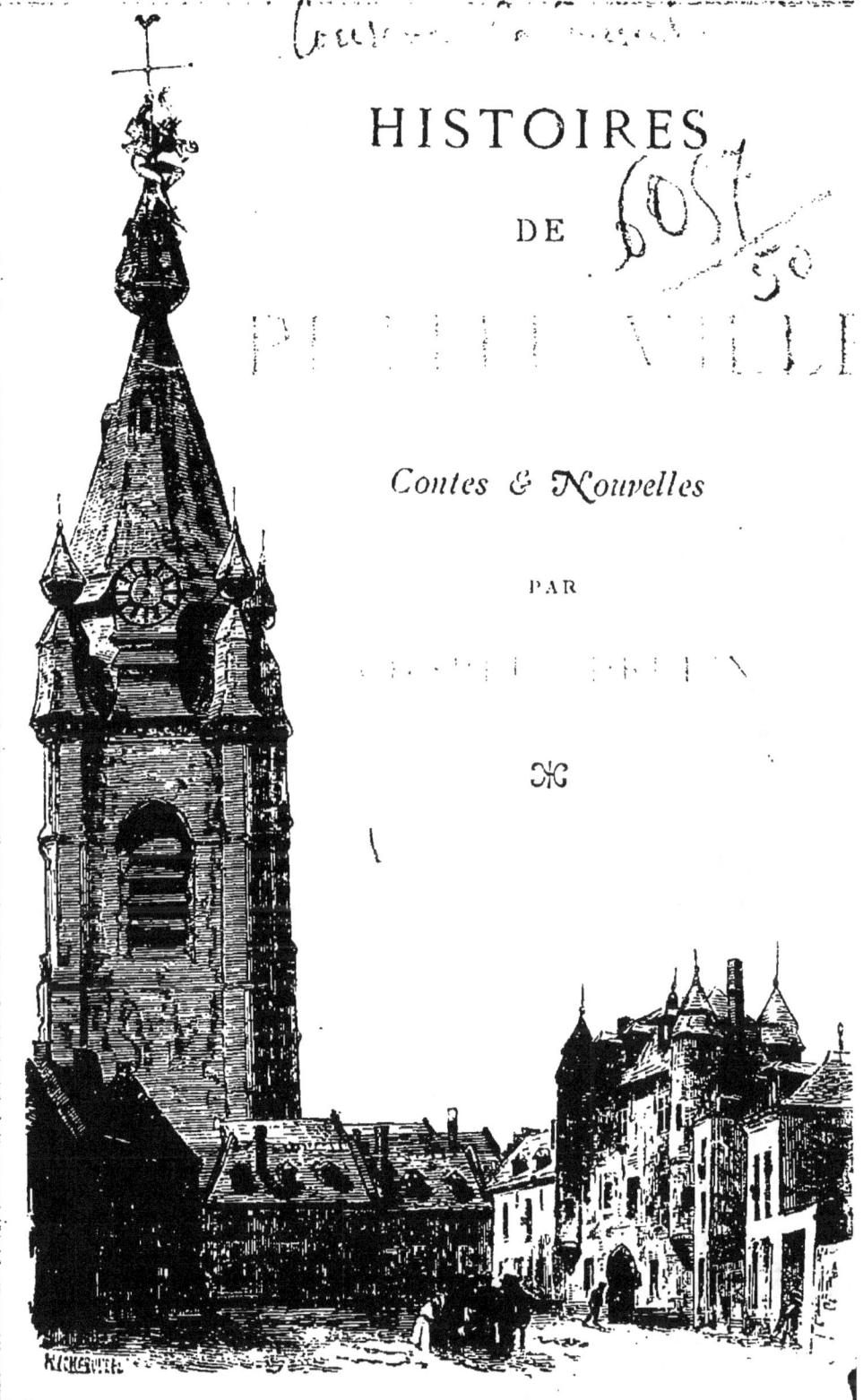

HISTOIRES
DE
PETITE VILLE

Contes & Nouvelles

PAR

✠

PARIS. — E. DENTU, LIB.

EN VENTE A LA LIBRAIRIE DENTU

Collection gr. in-4°, – 3 francs et 3 francs 50 cent. le volume.

Gustave Aimard	La Belle Rivière	2 vol.
—	Aventures de Michel Hartmann	2
Albéric Second	Les demoiselles Du Roncay	1
Xavier Aubryet	La Vengeance de Madame Maubrel	1
Alfred Assollant	Le Puy de Montchal	1
Elie Berthet	Les Oreilles du Banquier	1
F. du Boisgobey	La Tresse blonde	1
Adolphe Belot	Les Mystères mondains	1
—	Hélène et Mathilde	1
Édouard Cadol	Rose	1
J. Claretie	Les Muscadins	2
Champfleury	Le Secret de M. Ladureau	1
Eugène Chavette	L'Héritage d'un Pique-Assiette	3
—	La Chiffarde	2
Ernest Daudet	Aventures de Raymond Rochevay	2
Alphonse Daudet	Robert Helmont	1
Albert Delpit	La Vengeresse	2
Charles Deulin	Chardonnette	1
—	Contes du Roi Cambrinus	1
Charles Diguet	Amours Parisiens	1
E. Enault	Le Jeunes Filles de Paris	1
A. Esquiros	Les Vierges folles	1
Xavier Eyma	Les Gamineries de Mme Rivière	1
Ferdinand Fabre	Barnabé	1
P. Féval	La Ville Vampire	1
—	Le Chevalier de Keramour	1
Fervacques et Bachaumont	Rolande	1
Fortunio	Le Roi du Jour	1
Paul Foucher	Les Coulisses du Passé	1
Émile Gaboriau	La Dégringolade	2
—	L'Argent des Autres	2
L. M. Gagneur	Les Crimes de l'Amour	1
Gonzalès	Les Gardiennes du Trésor	1
Gontran Borys	Finette	1
Léon Gozlan	La Vivandière	1
Gourdon de Genouillac	Les Voleurs de femmes	1
A. Houssaye	Le Roman des femmes qui ont aimé	1
Ch. Joliet	Les Filles d'Enfer	1
M. de Lescure	Les Chevaliers de la Mouche à miel	2
Michel Masson	Daniel le Lapidaire	1
Charles Monselet	La Belle Olympe	1
Ch. Narrey	Ce qu'on dit pendant une contredanse	1
Paul Perret	Les bonnes Filles d'Eve	1
V. Perceval	Le Roman d'une Paysanne	4
Ponson du Terrail	Les Voleurs du Grand Monde	7
—	La Justice des Bohémiens	2
Tony Révillon	La Séparée	1
Paul Saunière	Les deux Rivales	1
De Saint-Georges	Les Yeux verts	1
E. Serret	Le Roman de la Suisse	1
Anaïs Ségalas	La Vie de feu	1
Ch. Paul de Kock	Mémoires inédits	1
Léopold Stapleaux	Les Compagnons du Glaive	2

HISTOIRES
DE
PETITE VILLE

DU MÊME AUTEUR

CONTES D'UN BUVEUR DE BIÈRE
1 vol. in-18, jésus, 8e édition, revue et corrigée.

CHARDONNETTE
1 vol. in-18, jésus, 5e édition.

CONTES DU ROI CAMBRINUS
1 vol. in-18, jésus, 4e édition.

En préparation :

HISTOIRE DES CONTES DE MA MÈRE L'OYE
1 vol. in-18, jésus.

MADEMOISELLE RICHEPANSE
1 vol. in-18, jésus.

A
JULES LANGLET

Parisien parisiennant

Ces Histoires de Petite ville

sont dédiées

Par son ami dévoué et reconnaissant

C. D.

15 février 1875.

HISTOIRES

DE

PETITE VILLE

Contes & Nouvelles

PAR

CHARLES DEULIN

PARIS

E. DENTU, ÉDITEUR

Libraire de la Société des Gens de Lettres

PALAIS-ROYAL, 17-19, GALERIE D'ORLÉANS

—

1875

Tous droits réservés

MA PREMIÈRE

BONNE FORTUNE

Ma Première bonne Fortune

I

E ne me rappelle pas au juste à quelle époque je fis la connaissance de mon ami Pierre Laouteux : cela doit remonter au temps où nous tétions nos mères, qui demeuraient porte à porte contre l'abreuvoir.

Nous avons grandi ensemble. Quand je dis nous... le fait est que mon ami ne grandissait pas du tout, tandis que je m'élevais noblement comme une asperge qui monte en graine.

Chose remarquable ! on ne nous voyait jamais l'un sans l'autre, mais rarement on nous voyait d'accord : nous nous battions régulièrement tous les soirs et nous faisions la paix le lendemain matin pour nous rebattre le soir. La brouille durait quelquefois deux ou trois jours ; alors ceux qui venaient dire à l'un du mal de l'autre étaient reçus à coups de poing.

Nous avions pour voisin un boucher nommé Gillard, qui était doué d'une mémoire prodigieuse et qui faisait des vers. Il avait lu je ne sais combien de fois les *Mille et une Nuits*, et il nous les récitait mot pour mot l'hiver, au coin du feu, devant le gril aux pommes de terre.

Il avait lui-même composé l'*Histoire du prince Lion, du prince Cheval et du prince Ane, qui vont dans le troisième monde à la recherche des rubis immortels.* C'était une bien belle histoire, et c'est grand dommage qu'elle n'ait pas pu être imprimée, à cause des fautes d'orthographe.

Un jour de ducasse, le voisin Gillard nous conduisit à *la Passion*, je veux dire au théâtre les marionnettes, ainsi nommé de *la Passion de Notre-Seigneur Jésus-Christ*, qui est la pièce principale du répertoire. Ce spectacle nous causa tant de plaisir que, l'année d'après, nous organisâmes une quête chez tous nos parents et amis : nous récoltâmes ainsi de quoi nous payer *la Passion* deux fois par jour.

Le premier roman qui nous tomba sous la main

fut *le Roman comique.* Cette lecture nous inspira l'idée de nous faire comédiens, mais nous n'avions pas encore vu jouer la comédie pour de bon et par des personnes naturelles.

II

La ville de Condé-sur-l'Escaut, où ont eu lieu ces événements, possède un théâtre qui ouvre ses portes cinq ou six fois l'an, lorsque la troupe de Valenciennes y vient en représentation. Ce théâtre est presque aussi beau que celui de Montmartre, hormis que le plafond descend juste au dessus du balcon.

Nous importunâmes tant et si bien nos mères qu'elles nous promirent de nous y mener, si nous étions couronnés à la distribution des prix. Ceci se passait à Pâques, et jusqu'alors on nous avait toujours vus à la queue de la classe. Trois mois après, nous remportions chacun un prix, je ne sais plus lequel, mais à coup sûr ce n'était pas un prix de sagesse.

Le bienheureux soir arriva. Nous n'avions dormi de huit jours. On jouait *le Pré aux Clercs*. Nous restâmes les yeux et les oreilles ouverts, sans respirer, tout le temps de la représentation.

Je dois à la vérité de dire que nous fûmes particulièrement frappés de la scène du canot : nous ne nous sentions pas d'aise d'avoir découvert le truc et entrevu l'homme qui tirait la barque.

Il serait trop long d'énumérer les ruses de caraïbe au moyen desquelles, à partir de ce moment, nous parvînmes à ne plus manquer une représentation. Mais le cœur humain est insatiable comme la terre, qui ne se saoûle point d'eau, dit l'Écriture.

Bientôt, il ne nous suffit plus de contempler du parterre le monde enchanté qui nous arrivait de temps à autre en deux omnibus. Tout notre corps frémissait à la seule idée de frôler, dans les coulisses, les femmes pâles qui, le soir, au feu de la rampe, se transformaient en pimpantes soubrettes et en ravissantes marquises.

Une surtout nous avait frappés : elle s'appelait Rosalba, et jouait les ingénues. C'était une jeune fille de dix-huit ans, brune comme un pruneau et sèche comme un jonc, avec deux yeux noirs, pétillants de malice, qui nous paraissaient deux petits soupiraux de l'enfer. Un hasard nous fit faire sa connaissance.

III

Le père de Pierre Laouteux était un homme ingénieux qui avait essayé de beaucoup de métiers, et qui réussissait à peu près dans tous. Il avait été tour à tour charron, menuisier, tourneur, horloger, etc. C'est pourquoi on l'avait surnommé *Mille-Esprits*.

Un jour, il entreprit le commerce des grains et voulut avoir un véhicule pour se rendre, chaque samedi, au marché de Valenciennes.

Or, Condé ne possédait pas de carrossier. Un autre serait allé à la ville voisine faire emplette d'un cabriolet; le père Laouteux trouva plus simple d'en fabriquer un lui-même.

Dès lors, il ne fut bruit dans le canton que de son entreprise. Réussirait-il? ne réussirait-il pas? Il y eut des paris comme pour un combat de coqs. Nous obtînmes qu'on nous laisserait étrenner seuls le nouveau chef-d'œuvre.

On se souviendra longtemps à Condé du jour où nous l'étrennâmes. Tous les flâneurs de la ville étaient rassemblés sur notre passage. Quand nous parûmes, cinq cents poitrines se dilatèrent, cinq cents bouches poussèrent un : Ah! formidable, suivi d'un long éclat de rire.

Il y avait de quoi.

Figurez-vous une manière de cabriolet à ressorts, avec une capote fixe en toile. L'essieu était si long que les roues, d'un diamètre énorme, suivaient, en sillonnant les bas côtés de la route, le cheval qui trottait au milieu de la chaussée. D'autre part, la capote, en forme de parallélipipède ouvert, atteignait à une hauteur telle qu'un tambour-major en grand uniforme aurait pu s'y tenir debout.

Le père Laouteux avait peint en jaune foncé cette majestueuse capote : le jaune foncé était la couleur des quatre confessionnaux de l'église. De là vient qu'à la vue de l'étrange véhicule, les gens de Condé, gens volontiers gouailleurs, le baptisèrent sur-le-champ de ce nom pittoresque : *le confessionnal de Mille-Esprits.*

Au confessionnal était attelé un vieux cheval gris pommelé, gras comme un moine et vicieux comme un concierge, qui avait longtemps appartenu à un marchand de toile. Ce vénérable quadrupède s'appelait Salpêtre, peut-être par antiphrase. Salpêtre était un animal illustre à dix lieues à la ronde.

On jugea la voiture digne du cheval, et c'est sous une pluie battante de quolibets, qu'à travers la foule nous partîmes pour Valenciennes. Ces menus désagréments n'entamèrent que médiocrement notre bonheur : nous couvions un projet !

IV

Ce jour-là, il devait y avoir spectacle à Condé. Après que nous eûmes bien fait admirer notre équipage aux Valenciennois ébahis, nous guettâmes le départ de la troupe comique, et, à grand renfort de coups de fouet, nous voyageâmes de conserve.

Nous plongions de tous nos yeux dans les deux carrossées : nous ne tardâmes pas à nous apercevoir qu'on s'y occupait de nous. Je pensais *in petto* que notre cabriolet pouvait n'être pas étranger à l'attention des acteurs, mais je me gardais bien de toucher cette corde.

Le père Laouteux n'avait rien oublié pour la solidité de son chef-d'œuvre, rien que de remplacer par des esses les chevilles de bois qui retenaient provisoirement les roues. Tout à coup, patatras ! les deux roues tombent chacune de leur côté et nous laissent à plat sur le pavé.

Les acteurs poussent un cri, les omnibus s'arrêtent, on accourt et on nous tire de dessous la capote, plus morts que vifs, mais par bonheur sains et saufs. Nous faisions une si piteuse mine que les cris d'effroi se changèrent tout de suite en éclats de rire !

On parvint à remettre le confessionnal sur ses roues, mais on ne put trouver des chevilles assez résistantes. Force fut de le laisser sur la route à la garde de Pierre Laouteux, et on m'offrit de monter dans un des omnibus pour dépêcher le charron du plus prochain village.

La première personne que j'aperçus en mettant le nez à la portière fut mademoiselle Rosalba : elle me fit une place à ses côtés, et, sous l'empire d'une émotion inexprimable, je m'y assis. On s'était serrés pour me recevoir et je touchais sa robe du genou, une robe de droguet bigarré que je vois encore.

La jeune actrice me considéra d'abord avec une sorte de curiosité moqueuse, puis elle engagea la conversation. Je répondais en balbutiant, les yeux baissés et rougissant jusqu'aux oreilles.

J'avais alors quatorze ans et demi, mais à la longueur de ma taille on aurait pu m'en donner seize. Je bénissais notre accident, et je songeais à part moi au beau Destin du *Roman comique*, voyageant côte à côte avec mademoiselle de l'Étoile.

V

Mademoiselle de l'Étoile était une fille assez délurée pour une ingénue ; ma timidité paraissait l'amuser beaucoup. Je ne sais comment elle vint à me demander si j'aimerais à jouer la comédie. Je fis un grand soupir, je levai au ciel deux yeux humides de tendresse et je poussai un : Oh ! oui ! si passionné, qu'elle me partit au nez d'un franc éclat de rire. Ses camarades partagèrent sa joyeuse humeur.

Le sentiment va vite en voiture, si vite que j'eus la lâcheté de ne pas rebrousser chemin avec le charron. Aux portes de Condé, mademoiselle Rosalba me dit en me décochant un regard singulier, — ou qui, du moins, me parut tel, — que si je voulais me faire acteur, j'aurais bientôt perdu mon air *serinot*.

Le mot était dur, mais je ne vis que l'intention, et je m'enhardis jusqu'à la prier de me faciliter l'accès des coulisses. Elle me promit de corrompre M. Achille Rasez, qui était à la fois le propriétaire et le concierge du théâtre. Je n'aurais qu'à me présenter à sa cuisine : la cuisine de M. Achille était l'*entrée des artistes*.

Pierre Laouteux arriva deux heures après nous, furieux de son abandon et jaloux de mon bonheur : il m'avait vu prendre place près de Rosalba. Dans l'enivrement de ma joie, j'eus l'imprudence de lui confier jusqu'où allait ma bonne fortune.

— Et moi ? me dit-il.

— Il n'a pas été question de toi.

— Ainsi tu iras seul dans les coulisses ?

— Sans doute.

— C'est ce que nous verrons !

Il me quitta sur ces mots et je m'en fus procéder à ma toilette. Je mis mon pantalon pistache à sous-pieds, et mon frac, mon beau frac bleu de roi à boutons de métal, que mon père, tailleur de son métier, m'avait confectionné dans son vieil uniforme de garde national.

C'était mon frac de première communion : j'avais grandi depuis lors, et il m'allait comme un gant, sauf les manches, qui étaient un peu courtes. Sur le tout perchait un immense chapeau, étroit des bords et large du fond.

VI

Je me présentai un quart d'heure trop tôt à la porte de la cuisine, mais quelqu'un m'y avait devancé : c'était Pierre Laouteux. Il portait sa veste des dimanches, et, au lieu de faux-col, une collerette tuyautée, si raide qu'on eût dit qu'il avait le cou pris dans un saladier à côtes.

Jusqu'alors Rosalba avait été entre nous une propriété indivise. Pierre trouvait que je lui volais sa part : il venait la réclamer. D'ailleurs, *son* cabriolet n'était-il pas la cause première de nos relations ?

Je lui représentai que Mlle Rosalba ne l'avait pas invité, qu'elle ne le connaissait pas plus que Salpêtre, que sa folle prétention n'aboutirait qu'à nous fermer la porte à tous les deux, qu'il n'y avait point de raison pour qu'on ne fît pas le même honneur à Salpêtre, etc., etc.

Il insista, je m'obstinai; bref, la discussion, comme d'habitude, dégénéra en dispute et se termina par un magnifique coup de poing qui m'accommoda l'œil gauche au beurre noir. Je tombai sur mon ami à coups de pied.

La vieille Poupoule, la cuisinière de M. Achille, accourut au bruit : je lui expliquai l'affaire, et, comme son maître l'avait prévenue, elle me fit entrer seul.

Je triomphais : cette considération me consola de mon accident. Mademoiselle Rosalba remarqua le changement survenu dans ma figure et me força de lui en raconter la cause, qu'elle accueillit avec de grands éclats de rire : cette fille-là riait de tout.

N'importe ! mon rêve était réalisé : j'avais pénétré dans les coulisses, et, qui plus est, je faisais la cour à une actrice !

VII

On donnait un grand drame intitulé : *Mathilde*, tiré du roman d'Eugène Sue. Chaque fois que Rosalba rentrait dans la coulisse, notre conversation allait son train. Je m'émancipai jusqu'à lui prendre les mains; je commençais à croire que je lui paraissais un peu moins *serinot*.

— Oh ! ce marmot avec sa perruque ! fit tout à coup la jeune actrice. Je me retournai et je restai pétrifié.

Pierre Laouteux était devant nous en blouse bleue, blanchie aux coudes, en pantalon de coutil, en casquette, le cou veuf de sa collerette tuyautée, une énorme perruque rousse à la main. Il avait emprunté ce déguisement dans le but de tromper la vigilance de Poupoule : Poupoule l'avait pris pour le petit clerc de Doudou, le coiffeur de ces dames.

— Oh ! ce marmot ! répétai-je en ricanant.

Les yeux de Pierre Laouteux lancèrent deux éclairs : il regardait comme une injure mortelle toute allusion à l'exiguïté de sa taille. Un « grand flandrin ! » bien appliqué fut sa réponse. Je lui tournai le dos, et je continuai la conversation avec Rosalba.

Ce que voyant, Pierre Laouteux perdit toute mesure. Piqué par la jalousie comme par un taon furieux, il s'avança entre nous, regarda l'actrice en face et lui dit gravement :

— Ne l'écoutez pas, Mademoiselle, il est long comme un jour sans pain !

— Veux-tu te taire, Ragotin ! répondis-je en colère.

— Hue ! grande Jacqueline ! riposta Pierre Laouteux.

Ce sobriquet qu'on m'avait donné je n'ai jamais su pourquoi, avait le privilége de m'exaspérer. J'empoignai mon ami par les oreilles ; il se dressa sur ses pieds et m'administra sur l'œil droit le pendant du fameux coup de poing qui décorait mon œil gauche.

Rosalba riait comme une folle.

Le drame touchait à sa fin : c'était le moment où le mari de Mathilde et celui d'Ursule allaient dialoguer avec leurs pistolets. Devant une situation aussi palpitante, la salle respirait à peine.

Tous les esprits étaient tendus, tous les yeux fixés sur les champions, qui n'attendaient que le signal.

VIII

Soudain le public ébahi vit apparaître deux poissons qui boxaient comme deux gentlemen. Un immense éclat de rire salua notre entrée.

Les coups de poings, les coups de pieds volaient dru comme grêle. Le public y répondait par les cris : « Bravo ! bis ! laissez faire deux hommes ! » Nous y allions d'un tel cœur, que ni l'un ni l'autre ne s'apercevait qu'il était en scène. Les acteurs nous regardaient ahuris.

Pierre Laouteux était plus vif, mais j'étais plus fort. Je parvins à le saisir à bras-le-corps, et nous roulâmes sur le plancher, accrochés comme deux hannetons. Dans la chute, mon beau pantalon pistache, qui était mûr, se fendit aux genoux, mais je n'y prenais garde.

Nous nous escrimions des mains, des pieds, des dents, en silence. Nous ne faisions plus qu'un seul être à deux têtes, à quatre jambes, à quatre bras, tout cela mêlé dans un fouillis inextricable.

L'un des acteurs voulut en vain nous séparer ; il déchargea sur nous son pistolet chargé à poudre ; l'autre en fit autant. Dieu lui-même avec son tonnerre ne nous eût pas décramponnés. Enfin on requit les pompiers de service, deux gaillards vigoureux qui nous emportèrent, toujours enlacés, au bruit des applaudissements frénétiques du parterre.

La toile tomba sur ce beau dénoûment. Une heure après la sortie du spectacle, les gens riaient encore dans la rue, et la patrouille de la garnison entendit toute la nuit de longs éclats de rire : c'étaient les bourgeois de Condé qui se réveillaient en riant dans leurs lits.

Un moment il fut question de dresser procès-verbal à nos pères comme responsables de ce tapage nocturne ; mais l'affaire fut étouffée. La police était bonne personne, le juge de paix, homme d'esprit, et puis, on avait tant ri ! Jamais spectacle n'avait eu un pareil succès.

Le principal du collége, qui était d'humeur triste, nous mit à la porte. Nous restâmes huit jours sans nous parler ; ce fut notre plus longue bouderie.

Nous nous raccommodâmes à propos d'une tragédie intitulée *Nabuchodonosor*, que nous entreprîmes en collaboration, et qui ne put être achevée, faute par nous de savoir au juste en quelle bête notre héros devait se métamorphoser au troisième acte.

IX

Nabuchodonosor fut le premier et le dernier pas que nous fîmes ensemble dans la carrière théâtrale, mais nous avons conservé un goût très-vif pour le théâtre. C'est notre plus forte, j'oserai presque dire notre unique passion. Les hasards de la vie m'ont amené à Paris, et j'ai pu la satisfaire mieux que Pierre Laouteux, qui est resté à Condé.

Je suis autant que possible les premières représentations et lis régulièrement les feuilletons du lundi. Je connais de vue tous les artistes des deux sexes, et sais sur le bout du doigt les anecdotes de leur vie publique et privée. J'envoie chaque semaine un compte-rendu à Pierre Laouteux : c'est sa consolation.

Les théâtres de Paris ont pleinement réalisé mon idéal : tragédie, comédie, drame, vaudeville, opéra, opérette, j'aime tous les genres, mais j'affectionne plus particulièrement la tragédie : j'y ai retrouvé les bonshommes en bois de *la Passion de Notre-Seigneur Jésus-Christ.*

Un soir pourtant j'ai éprouvé une grande déception, c'est lorsque, pour la première fois, j'ai vu *le Pré aux Clercs* à l'Opéra-Comique. Hélas! *le Pré aux Clercs* ne m'a plus fait le même plaisir. Savez-vous pourquoi et ce qui manquait au *Pré aux Clercs* ?

X

Il lui manquait les vingt amateurs de la Société philharmonique qui l'exécutaient au pied levé, après une seule répétition ; il lui manquait la collerette de mon ami Pierre Laouteux ; il lui manquait l'homme qui tirait la barque de la coulisse ; il lui manquait enfin le théâtre de Condé avec ses acteurs ambulants, le coiffeur de ces dames, la cuisine du père Achille et Poupoule, sa cuisinière !

LE PARADIS

DE PIPETTE

Le Paradis de Pipette

u temps jadis, il y avait à Conde-sur-l'Escaut, au carrefour de la Capelette, un vieux savetier qu'on appelait Pipette, à cause qu'on ne le voyait jamais que fumant sa boraine.

Pipette aimait tant sa pipe que la nuit il s'éveillait tout exprès pour l'allumer. Il avait d'ailleurs l'âme bonne et le caractère gai, contrairement à sa femme, dont l'humeur rêche le faisait endiabler.

Son seul ennui, après sa ménagère, était de n'avoir point de quoi fêter saint Crépin tous les lundis, et de pousser trop souvent l'alène les jours de ducasse, ou quand on jouait sur la place Verte une belle partie de balle.

— Toujours ouvrer, murmurait alors le pauvre savetier; toujours s'exterminer à battre le cuir! Quelle gueuse de vie! Et dire que sans ce benêt d'Adam on serait en paradis, où l'on n'aurait qu'à se goberger!

II

Un soir d'été qu'en achevant sa journée il répétait sa complainte habituelle, il vit passer, chargé d'une hottée de fèves, un de ces colporteurs qu'on nomme chez nous des compénaires. Il s'aperçut que la hotte était trouée et semait son contenu le long du chemin.

— Vous perdez votre marchandise, notre maître, cria-t-il.

L'homme se déchargea et le savetier lui offrit de rapiécer sa hotte; l'autre accepta. Quand l'ouvrage fut fini :

— Je ne possède pas un rouge double, dit le compénaire, et n'ai à vous donner qu'une fève.

— Oh! fieu, ce n'est mie la peine.

— Bah! prenez toujours. Sait-on ce qui peut arriver!

Pipette prit la fève et, dès que le porte-hotte eut le dos tourné, il la jeta sous la cheminée. Soudain parut dans les cendres une verte tige, qui commença de croître à vue d'œil.

Étonné de ce prodige, le bonhomme courut à la porte, mais il ne vit plus personne.

Quand il reporta les yeux sur la plante, elle avait déjà dépassé le buhot de la cheminée. Elle monta, monta, monta tant, qu'il fut bientôt impossible de distinguer sa houppe.

— Voilà mon souper qui pousse, se dit le savetier, il ne s'agit plus que de le cueillir.

Il ralluma sa boraine, quitta ses savates, retroussa ses manches, prit la tige à deux mains, et, sans réfléchir que tel va chercher de la laine qui revient tondu, il grimpa de branche en branchette. Il ne rencontra non plus de cosses que sur une perche à l'oiseau; mais à mi-route du ciel, il entendit une musique qui lui sembla autrement plaisante que la viole de Colas Chomy, le guisterneux de Condé. Plus il s'élevait, plus cette musique devenait douce et caressante.

Cependant son échelle se dirigeait droit vers la lune. D'en bas la planète lui avait toujours produit l'effet d'une belle tourtière de cuivre jaune.

Elle grossit peu à peu et, quand il y arriva, il fut tout surpris de la trouver cent fois plus grande que la ville de Condé.

III

Il mit pied à terre dans un endroit inhabité. Il marcha quelque temps et ne vit nulle part l'homme qui, dit-on, vague dans la lune avec son chien et son fagot, mais il avisa au loin une vive lumière.

Il s'approcha et reconnut qu'elle provenait d'une épée flamboyante qu'un ange tenait à la main.

L'ange faisait sentinelle devant une porte percée dans une verte palissade.

— Où suis-je, l'homme de Dieu? demanda Pipette.

— A la porte du Paradis terrestre, répondit le gardien.

— Ah bah! depuis quand est-il dans la lune?

— Depuis qu'il ne sert plus de rien sur la terre.

— Au fait!... Est-ce qu'on peut le visiter?

— On peut même y demeurer.

— Toujours?

— Toujours, quand on sait se conduire.

— Oh! fieu, il n'y a mie de danger que je touche à vos pommes!

Voyant que le factionnaire souriait, il ajouta vivement :

— D'ailleurs, je déteste les pommes! Ça m'agace les dents et m'empêche de fumer.

— On ne fume point. Voilà précisément ce qui est défendu.

— Ah! on ne fume point! Eh bien, soit!

— Cela ne t'effraye pas?... Entre alors, mais souviens-toi de la défense.

— Le diable m'emporte si je l'oublie!

Le gardien n'en eut pas moins la précaution de le fouiller. Il lui prit sa pipe et son tabac, après quoi le bonhomme entra tout joyeux.

IV

Il s'engagea dans une longue drève ou avenue, bordée de vastes houblonnières et, au bout d'un quart d'heure, il découvrit un clocher dont la flèche se terminait en poire.

— Est-ce qu'on ne jurerait point que c'est le clocher de Condé? s'écria Pipette. Quelle chance si j'allais retrouver ici les wiseux de la Capelette! Les belles parties de quilles, seigneur Dieu! Et quelles tournées de chopes! A la bonne heure! Voilà comme j'avais toujours rêvé le paradis!

Pipette ne se demanda point si la chose était possible. Depuis qu'une fève l'avait conduit dans la lune, il ne doutait plus de rien.

C'était bien le clocher de Condé, et le cœur du savetier lui sauta d'aise, quand il distingua les quatre clochetons et le coq doré qui, du haut de sa poire, lui souriait dans un rayon de soleil.

V

Il entra en ville sans être arrêté à la douane ni à l'octroi, car il n'y avait ni douane ni octroi. Il battit un entrechat devant Samson et sa femme qui gardent, comme chacun sait, la porte de Valenciennes, fit un beau salut à saint Roch et à son chien qui le regardaient gravement du fond de leur chapelle, arriva au Pont-Tournant, reconnut les triquenaires de la Grande-Écluse, Marmin, Béguinet, Guerlot, Canarin, tout le monde, et tout le monde lui souhaita la bienvenue.

— Tiens, voilà Pipette! bonjour Pipette.

— Bonjour, mes enfants, bonjour. Je suis content de vous voir tous en paradis.

La ville avait un air de fête, le port était plein de bélandres pavoisées, les rues bien balayées, les maisons blanchies de frais, wassinguées et sablées comme elles le sont le premier dimanche de la ducasse.

Le savetier enfila la rue de l'Escaut et s'en fut droit à sa boutique. A sa vue, son sansonnet battit des ailes et cria aussi : Bonjour, Pipette.

En se retournant pour lui rendre sa politesse, Pipette jeta par hasard les yeux dans le miroir. O bonheur ! au lieu de sa vieille face ratatinée, il y aperçut une figure ronde et roselante : le bonhomme était rajeuni de trente ans.

La boutique lui parut en ordre et le ménage fait. Il n'y manquait que la ménagère, mais le gaillard se garda bien de s'informer d'elle ; les voisins ne lui en soufflèrent mot.

Tous étaient redevenus jeunes comme lui-même, et ils avaient des visages de pleine lune qui vous réjouissaient l'âme.

VI

Au débotter des vêpres, l'heureux homme alla prendre sa pinte à l'estaminet de la Broque-d'Or. Il y trouva la société de la Capelette, la plus gaie de Condé : Polydore, le tailleur ; Nanasse, l'ébéniste ; Firmin, le drapier ; Tuné, le tourneur ou, pour mieux dire, le carioteux.

On joua au piquet, on but de la bière excellente, brassée uniquement avec de l'orge et du houblon, mais on ne fuma point.

A dix heures la cloche du beffroi sonna le couvre-feu, et on resta encore une demi-heure à deviser sans que personne y vînt mettre son nez.

— Est-ce qu'il n'y a point de valets de ville? demanda le savetier.

— On les a laissés en bas.

— Bien vrai?

— A quoi serviraient-ils?

— C'est juste... Point de femme et point de valets de ville! C'est bien décidément le paradis!

VII

C'était en effet le paradis, un vrai paradis de Flamands, et tel que nous l'aurions évidemment ici-bas sans la gourmandise de madame Adam et de son mari.

Comme il y avait abondance de biens, on y travaillait à loisir et seulement pour passer le temps.

On faisait ses quatre repas à la coyette et on mangeait de la tarte tous les dimanches ; on finissait la journée entre trois et cinq heures, puis on allait sur la place Verte voir jouer à la balle.

La perche à l'oiseau était toujours dressée à la porte du Quesnoy, et on y tirait de l'arc du matin au soir; on tirait aussi au bersault, on faisait de longues parties de quilles, de corbeau, de guiche, qui est le jeu de bâtonnet, et de billon, qui est le jeu de bricoteau.

On crossait parmi les champs, et Pipette devint bientôt presque aussi fort que le Carlier du Coq, dit le Grand-Choleur.

Quelquefois, au clair des étoiles, sur la place d'armes, les Condéens, hommes, femmes, filles et garçons, s'asseyaient en rond à même le pavé, et l'on jouait à la savate, sans penser à mal.

On s'y mêlait berdin-berdiau, les riches avec les pauvres, et les demoiselles qui portaient chapeau ne dédaignaient point de s'accroupir côte à côte avec les demoiselles en bonnet et en colinette.

Bref, on était tous égaux, comme on ne l'est ici-bas qu'au cimetière, et on n'avait pas de peine à suivre le proverbe qui dit que, pour se bien divertir, il faut être sorte à sorte, le diable avec les carbonniers.

VIII

Pipette ne rencontra dans le paradis qu'une seule figure étrangère, celle du nouveau carillonneur qui venait de succéder à grand-père Jacob et qui était de plus cron-cornet ou, si vous le préférez, serpent de la paroisse.

C'était un particulier à la mine sournoise, au regard louche, à la voix papelarde, et qui ne dut qu'à son gros nez rouge et persillé d'être admis dans la société de la Capelette. Il buvait sa pinte tous les soirs à la Broque d'or.

— La belle bière et comme elle perle ! dit un jour le cron-cornet en élevant son verre à la hauteur de l'œil. Quelle chère on ferait à fumer une pipe en vidant une canette de ce nectar !

— Tu sais bien que c'est défendu ! répondit Pipette.

Le bon Flamand menait une vie si enchantée qu'il avait complétement oublié sa boraine. Cet insidieux propos la lui remit en mémoire, mais il chassa ce souvenir en songeant au bonheur qu'il goûtait en échange.

Le carillonneur revint souvent sur ce chapitre, et tout le monde fut de son avis. Un beau soir, il cessa subitement de se lamenter.

Dès lors, quand un buveur s'avisait de rappeler l'heureux temps où l'on pouvait fumer sa pipe, le cron-cornet se contentait de lever les épaules et le regardait avec des yeux de pitié.

IX

Un samedi qu'il allait carillonner un baptême, il appela le savetier, qui se promenait dans le marché en reluquant les jolies paysannes de Fresnes et de Macou.

— Viens donc, dit-il, faire un tour au clocher : on jouit là-haut d'une vue superbe.

Pipette le suivit et monta jusque dans la poire. De là il découvrit, à travers une lunette d'approche, une boule qui tournait bien loin, bien loin, dans une vapeur blanchâtre.

— Qu'est-ce que cette boule? demanda le savetier.

— Tu ne reconnais point la terre?

— C'est pardieu vrai... mais cette fumée qui l'enveloppe?

— Ça, fieu, c'est le nuage formé par les pipes de tous les habitants du globe.

— Ah! oui... Ils peuvent fumer, eux! murmura involontairement Pipette.

Ce ne fut point sans peine qu'il s'arracha à ce spectacle et il descendit en soupirant. Quelques jours après, il remonta dans la poire et y passa une heure d'horloge à contempler le blanc nuage.

Il y retourna alors de temps à autre ; il lui semblait sentir l'odeur du tabac, et même, à force d'écarquiller les yeux, il en vint à se figurer qu'il voyait fumer les gens d'en bas.

C'était là sa plus chère distraction et, quelque effort qu'il fît sur lui-même, ses pas le ramenaient invinciblement au clocher.

X

Un matin, il trouva au carillon le cron-cornet qui allumait tranquillement sa pipe.

— Malheureux ! s'écria Pipette, tu vas te faire chasser du paradis ! et il voulut lui ôter sa pipe des lèvres.

— Laisse donc, dit l'autre. Il y a plus d'un mois que je fume, et il ne m'est rien arrivé.

— Ah bah !

— Tu sens bien qu'on se moque de nous, continua le carillonneur, en lui envoyant au visage de larges bouffées de tabac. A qui cela peut-il nuire ? Ce serait bon si nous étions des enfants. Est-ce que tu n'es pas un homme ?

— Si, dit le savetier, je suis un homme ! Et malgré lui il admirait la hardiesse du camarade.

— Fume donc, si tu es un homme, et tu te régaleras comme un dieu !

Et le cron-cornet lui présenta sa pipe. Le savetier la regardait de côté, comme un chat guigne un poulet rôti. C'était une appétissante pipe de Nimy, jaune et noire ; le tabac couronnait sa tête d'une houppe d'or, et Pipette humait avec volupté cet excitant parfum qui ne monte jamais au nez d'un bon Flamand, sans qu'il tire sur-le-champ sa boraine.

Il avançait la main, lorsque la défense de l'ange lui revint en mémoire.

— Arrière, Satan ! s'écria-t-il, et il dégringola l'escalier.

Le cron-cornet salua sa fuite d'un long ricanement et, lorsque Pipette fut en bas, sur la place Saint-Wanon, le carillon le poursuivit jusque chez lui de ce refrain moqueur :

J'ai du bon tabac dans ma tabatière,
J'ai du bon tabac, tu n'en auras pas.

Durant six semaines, le savetier garda rancune au cron-cornet et, quand celui-ci entrait à la Broque d'or, il lui tournait le dos pour ne point voir son sourire railleur.

Pourtant il éprouva bientôt une irrésistible envie de remonter au clocher. Sitôt qu'il entendait carillonner, il se glissait par la porte entrebâillée et se tenait dans l'escalier, aspirant la provocante odeur du tabac.

Nuit et jour le pauvre homme songeait à sa pipe et, dans une ville de délices, au sein de la félicité la plus parfaite, il se trouvait malheureux comme les pierres.

XI

Un jour il grimpa jusqu'au carillon. Le croncornet était absent, et il avait oublié dans un coin son briquet, sa pipe et sa blague.

Pipette regarda longtemps la pipe, la prit d'une main tremblante, la remit à sa place, la reprit, la bourra, hésita une minute, battit le briquet, s'arrêta encore, puis, comme saisi de fureur, il l'approcha vivement de ses lèvres et l'alluma.

Il fumait si précipitamment et à si grosses bouffées, qu'il eut fini la première pipe en moins de temps qu'il n'en faut pour dire un *Ave*.

Il en dépêcha une seconde, une troisième, mettant les morceaux en double, comme un homme qui veut rattraper le temps perdu. Il était tout enveloppé d'un nuage de fumée et, à chaque instant, il s'attendait à voir apparaître l'ange à l'épée flamboyante.

L'ange ne parut point, et Pipette enhardi emporta pipe et tabac dans sa maison, où il fuma, sans débrider, jusqu'au lendemain matin.

Le soir, il confia son aventure à Tuné, qui la confia à Firmin, qui la confia à Polydore.

Grâce au cron-cornet qui les fournit, on ne sait comment, de pipes et de tabac, tous l'imitèrent. On fuma d'abord à huis-clos et en catimini, puis, l'impunité aidant, on en vint, par la faute de Pipette, à culotter des pipes dans tous les cabarets du paradis.

Les femmes elles-mêmes s'en mêlèrent et se mirent à fumer comme autant de bélandrières flamandes.

XII

Pipette faisait mentir le proverbe qui dit que les cordonniers sont les plus mal chaussés : il portait, pour aller à la messe, des souliers à boucles d'argent, des bas chinés, une culotte de nankin, un habit vert-pomme et des manchettes. C'était, des pieds à la tête, un véritable muscadin, joli garçon d'ailleurs et bien tourné pour un savetier.

Un dimanche, en sortant de l'église, il crut remarquer que la demoiselle du bourgmestre le regardait en rougissant.

Mademoiselle Jean Codaque était belle comme le jour, et Pipette la trouvait fort à son goût ; mais, quoique redevenu garçon, il n'osait prétendre à sa main.

Le moyen, en effet, qu'un pauvre diable de savetier épousât la fille du plus gros mynheer de Condé ? Que dirait le paradis, si jamais les Codaque venaient à s'allier aux Pipette ?

Le lendemain, M. le bourgmestre entra dans la boutique du beau savetier. Pipette, qui s'amusait à travailler, ôta poliment sa boraine et se leva pour lui faire honneur.

— Qu'y a-t-il pour votre service, monsieur le bourgmestre ?

— Il y a que ma fille vous aime et que, de votre côté, j'ai cru m'apercevoir... Voulez-vous l'épouser ?

— Avec plaisir, mynheer !

— Eh bien ! topez là, et venez demain dîner avec nous.

XIII

Pipette était aux anges.

« On voit bien, pensait-il, que nous sommes en paradis : ce n'est mie sur la terre que M. Jean

Codaque, tout rond qu'il est, m'eût demandé en mariage pour sa demoiselle. »

A partir de ce moment, il alla chaque soir causer avec mademoiselle Jean Codaque sur sa porte. Un soir, elle lui dit :

— Fi! vous sentez la pipe. Si vous m'aimez, vous ne fumerez plus.

Pipette cassa sa boraine et, ce qu'il n'avait point fait pour le créateur, il le fit pour la créature. Le mariage eut lieu un mois après en grand' pompe.

Tous les gens de Condé furent de la noce et se rendirent à l'église deux par deux, bouquets au côté et musique en tête.

Les joncheuses de la rue Neuve allaient devant, semant le pavé de feuilles et de fleurs; la cloche du beffroi sonnait à grande volée; le carillon chantait dans les airs, et les porte-sacs tiraient le canon à tous les carrefours.

Durant trois jours et trois nuits, on mangea des ratons, autrement dit des couquebaques, on but de la blanche bière et de la brune à tire-larigot, et on dansa sur toutes les places. L'ordre le plus parfait ne cessa de régner.

On se battit bien un peu par-ci, par-là, le deuxième jour, quand les têtes commencèrent à s'échauffer, mais on eut du moins l'agrément de se battre à son aise, et sans que personne vînt vous déranger.

Le soir du troisième, on alluma plus de cent gonnes à goudron, et la fête, à la lueur de ce beau feu, se termina par une immense partie de savate.

XIV

Cette fois, Pipette avait vraiment atteint le comble du bonheur : il n'était plus seulement dans la lune, il était en pleine lune de miel. Pourtant, un jour, il s'avisa que l'astre d'amour lui serait plus doux encore, s'il pouvait y fumer sa boraine.

Cette idée le poursuivit bientôt sans relâche, et d'autant plus qu'à chaque pas il rencontrait des gens qui, grâce à lui, se promenaient la pipe à la bouche.

C'était un supplice de tous les instants. Une nuit il n'y put tenir davantage : il se leva doucement et battit le briquet; l'odeur du tabac réveilla la jeune femme.

— Oh! le vilain, dit-elle, qui fume malgré ma défense !

— J'en avais une si forte envie !

— C'est donc un bien grand plaisir ?

— A preuve que tout le paradis fume, hommes et femmes, excepté toi.

— C'est pourtant vrai.

— Essaye, mon ange, et tu verras quelle volupté !...

Adam n'avait succombé que pour complaire à sa moitié; Pipette, plus coupable, induisait la sienne à mal.

Il bourra une pipe et la présenta tout allumée à la jeune Flamande; elle la saisit curieusement, et les deux époux fumèrent de compagnie.

Pipette vit alors un spectacle étrange.

Au fur et à mesure que les bouffées de tabac sortaient de la jolie bouche, le frais visage jaunissait, les beaux yeux se cavaient, les joues rondes se creusaient, des rides sillonnaient le front et les tempes.

— Arrête, cria-t-il, pour l'amour de Dieu, arrête !

— Non, laisse-moi. Il me semble que je vis dix fois, cent fois plus !

La malheureuse, en effet, avait vécu quarante ans en quelques minutes; son mari, en proie au même enivrement, ne pouvait se séparer de sa pipe.

Il voyait dans la glace sa figure se ratatiner comme une pomme qui sèche au four et, malgré tout, il continua de fumer, tant qu'il tomba d'épuisement dans un profond sommeil.

XV

Quand il se réveilla, au lieu de sa jeune femme, il en trouva une vieille à ses côtés : c'était l'autre, la première, la grincheuse.

— Lève-toi, propre à rien, et fais le café, grommela-t-elle.

Pipette obéit machinalement et dormant à moitié ; il se leva, alluma le feu, fit le café et ouvrit les volets.

— Dites donc, vous, est-ce que vous allez bientôt ramoner le ruisseau ? lui cria une voix brutale.

Il reconnut Grobohr, le valet de ville. Plus de doute, il était retombé sur la terre. Il se mit à l'ouvrage, le cœur navré et l'esprit débibauché.

Au brun soir, le vieux savetier, sur sa sellette, battait encore le cuir en suant à grosses gouttes. Le compénaire vint à repasser.

— Eh bien ! fieu, cria-t-il, qu'est-ce que tu penses à cette heure de ce benêt d'Adam ?

Pipette baissa la tête et redoubla ses coups de marteau : il avait cru s'apercevoir que l'homme à la fève ressemblait vaguement à l'ange à l'épée flamboyante.

TRIBULATIONS

D'UN MYOPE

Tribulations d'un Myope

I

ES grands effets naissent souvent des petites causes, dit alors mon ami X... et M. Scribe a raison. Croiriez-vous que ma jeunesse a été empoisonnée par deux circonstances insignifiantes en apparence, et que je n'ai guère connu de l'amour que les déceptions, — parce que j'ai le double défaut d'être myope et d'avoir vu le jour à Landrecies?

— Qu'est-ce que Landrecies?

— Landrecies est une petite ville située au bout de la France, où les habitants sont à la fois ignorants et moqueurs, et où, par conséquent, la plus simple innovation rencontre une barrière infranchissable, la crainte du ridicule.

Aujourd'hui le chemin de fer a presque civilisé les naturels de l'endroit ; mais malheur à l'étranger qui s'y serait promené il y a vingt ans dans le costume de son pays ! L'infortuné eût été aussitôt assailli par les quolibets des bons bourgeois, et peut-être poursuivi par les huées et les pierres des petits polissons.

A cette époque, les lunettes n'étaient point inconnues à Landrecies, mais on ne savait pas encore qu'il existe deux catégories de gens à mauvaise vue : les myopes et les presbytes, et il n'y avait pas d'exemple qu'un Landrecien eût mis ostensiblement des besicles avant la soixantaine.

J'ai connu un malheureux clerc de notaire, âgé de trente ans et myope, qui se servait de ses lunettes pour grossoyer seul dans l'étude, et qui les cachait bien vite quand arrivait un client. Pour rien au monde il ne les eût portées dans la rue.

Or, sachez qu'un myope sans lunettes est un corps sans âme. Autant vaut être aveugle. Que dis-e ? un myope, en pareil cas, est plus à plaindre qu'un aveugle.

Ne souriez pas, mon ami : les aveugles sont généralement gais, c'est un fait d'observation. A quoi cela tient-il ? A ce que l'absolu dénûment est parfois plus facile à supporter que les demi-privations.

L'aveugle s'habitue à la cécité : ne voyant rien, il n'éprouve pas le besoin d'y mieux voir. Le myope y voit à demi et est sans cesse tourmenté du désir d'y voir tout à fait.

Oui, je le répète, — n'étaient les lunettes, qui ont bien aussi leurs désagréments, — j'aimerais cent fois mieux être aveugle que myope !

Comme je me récriais sur ce paradoxe :

— Voulez-vous, reprit-il, que je vous raconte quelques traits de mon histoire ? Vous jugerez si, avec tout ce que j'ai souffert, il n'y aurait pas de quoi composer un malheur solide et bien conditionné.

II

Et d'abord mon enfance n'a guère été qu'une suite d'ennuis et de chagrins. Toutes les bonnes farces qui égayent la vie de collége m'étaient interdites et je me trouvais condamné à la sagesse forcée, de par mes mauvais yeux.

A l'étude, ne pouvant ni voir, ni par conséquent tromper l'œil du maître, je ne pouvais ni rire, ni causer en cachette. En récréation, ne distinguant ni la balle, ni les billes, je manquais le but neuf fois sur dix, et mes camarades refusaient de jouer avec un partenaire aussi maladroit.

En revanche, s'il y avait dans l'air un horion ou un pensum, c'est toujours sur mon dos qu'il s'abattait.

Notez que, ne me rendant pas compte de mon infirmité, je me regardais comme une victime de la méchanceté des élèves et de l'injustice des professeurs. Or, cette idée, qui devint bientôt une idée fixe, aigrissait singulièrement mon caractère.

Quand j'eus atteint l'âge de neuf ans, on voulut me faire apprendre le dessin. Vous savez comment le dessin s'enseigne au collège : tous les modèles sont juchés sur le chevalet commun, à égale distance des élèves. On nous avait donné des yeux à copier. Assis gravement à ma place, j'avais beau écarquiller les miens, je n'apercevais qu'une page blanche. Je dessinais donc de fantaisie, et les pensums de pleuvoir !...

Au bout de six mois de cet exercice, on s'aperçut que je n'avais jamais vu mon modèle. J'abandonnai le dessin, et ce fut un malheur, car qui sait ? je serais peut-être devenu un grand peintre.

J'aurais pu me distinguer dans d'autres carrières, mais je devais à cette malheureuse myopie un tel air hébété que j'entendais répéter sans cesse autour de moi :

— Quelle buse que cet enfant avec ses gros yeux morts ! Si jamais celui-là fait quelque chose !...

Et je ne faisais rien, ne me croyant capable de rien.

Chacun de nous se rappelle avec plaisir la délicieuse sensation qu'il éprouva la première fois qu'on le conduisit au spectacle. Pour moi je n'y perçus que des formes vagues qui se mouvaient dans un milieu indéfinissable. J'ai retrouvé des ombres pareilles dans le *Dante* de Gustave Doré.

J'entendais la voix des acteurs, je ne distinguais ni la physionomie, ni le geste. Avez-vous quelquefois essayé de vous boucher les oreilles dans un bal, et avez-vous observé la singulière impression que produit cette cohue de gens qui sautent ? J'éprouvais un effet de même genre pour une cause différente. J'étais vraiment malheureux, quand le public éclatait de rire sur un mot qui ne me semblait pas bien gai, et qu'avaient sans doute souligné le regard ou le geste.

Je ne distinguais pas mieux les dames qui ornaient les loges, et dont mes voisins commentaient la toilette et la beauté : j'étais bien près de me figurer que ces gens-là s'entendaient pour se moquer de moi.

Il n'y a pas jusqu'aux descriptions des romans qui ne me parussent absurdes ou mensongères. Une grande plaine verte et jaune, voilà tout ce que me représentait la plus belle campagne.

Avez-vous remarqué que le jour de la Toussaint est le jour le plus triste de l'année ? Il fait d'ordinaire un temps sombre, morne, froid, blafard ; la nature entière se voile d'un brouillard gris où s'efface le contour des objets. Voilà pour moi le temps qu'il faisait presque tous les jours de l'année.

III

Telle fut ma vie jusqu'à seize ans. Vers cette époque, un matin d'avril, on me conduisit au collége de Valenciennes. Quelques jours après, je me trouvais avec un de mes nouveaux camarades à une fenêtre du second étage qui donnait sur la cour.

Cet élève portait des lunettes, circonstance qui m'avait fort étonné. Comme il me montrait du doigt un objet assez menu, il me les prêta pour que je pusse le distinguer.

Je n'oublierai jamais l'impression que je ressentis. Ce fut un éblouissement ; il me sembla que j'ouvrais pour la première fois les yeux au jour.

Le mois d'avril touchait à sa fin, et le printemps cette année-là était en avance. Une lumière blonde dorait gaiement les objets, qui paraissaient me regarder en souriant. J'embrassais d'une vue nette et distincte les grands marronniers de la cour. Les branches, les bourgeons, les feuilles naissantes, je voyais tout, rien ne m'échappait !

Et les oiseaux !... Jusqu'alors j'avais entendu le chant des oiseaux sur ma tête ; je les y avais vus passer comme de petites masses informes et noirâtres. Je ne me figurais pas qu'on pût les apercevoir dans les arbres, lissant leurs plumes et sautillant au soleil. Il y en avait de gris, de verts, de bariolés : ils gonflaient leur cou, ouvraient le bec et lançaient au ciel leurs petites mélodies !

Je poussais des cris de ravissement, je sautais de joie. Mon camarade me prenait pour un fou : j'étais fou de bonheur et d'admiration ! Telles durent être les impressions du premier homme, quand il s'éveilla à la vie dans le jardin de délices.

La cloche de l'étude me tira de mon extase. J'avais passé là une heure, la plus heureuse peut-être que j'eusse vécue jusqu'alors.

Le soir, ce fut un nouveau spectacle : la voûte bleue du firmament se parsema d'un nombre infini de gros clous dorés qui scintillaient, et la lune, avec ses grands yeux doux, me regarda d'un air attendri.

Je n'eus pas de repos que je ne me fusse procuré une paire de lunettes. Grâce à elles, toute la journée mes yeux se baignaient dans la lumière ; et s'il m'arrivait de les ôter, je me croyais dans un cachot. Mon nez s'habitua vite à cette annexe, et j'attendis avec impatience le premier jour de sortie. C'est ici que je dois vous faire un grand aveu.

M'étant peu mêlé jusqu'alors aux jeux de mes camarades, j'avais passé presque toutes mes récréations à lire et à rêver. Je sentais pour la rêverie une disposition naturelle qui, sans doute, prenait sa source dans ma mauvaise vue. N'y voyant pas au dehors, je regardais en dedans.

De la rêverie à l'amour il n'y a qu'un pas : le premier roman qui me tomba sous la main me le fit franchir. Avant de partir pour le collége, j'avais distingué — distingué, hélas ! n'est pas le mot — une jeune fille de mon âge que je rencontrais souvent dans la rue, mais à qui je n'avais jamais parlé, et que, par conséquent, je n'avais jamais vue de près.

Vous connaissez ce ravissant petit *quadro* d'André Chénier :

Accours, jeune Chro... je t'aime et je suis belle,
Blanche comme Diane et légère comme elle,
Comme elle grande et fière; et les bergers, le soir,
Lorsque, les yeux baissés, je passe sans les voir,
Doutent si je ne suis qu'une simple mortelle,
Et, me suivant des yeux, disent : — « Comme elle est belle ! »

Ces vers harmonieux chantaient continuellement dans ma tête comme le plus joli motif de l'opéra qu'on a entendu la veille. Ils me semblaient avoir été faits tout exprès pour la dame de mes rêveries.

Elle était grande et, jugeant des détails par l'ensemble de sa personne vaguement entrevue, je me la figurais pareille à Diane, avec un nez grec et des yeux calmes et profonds. Son souvenir m'avait suivi au collége, et je mourais d'envie de vérifier si mon imagination ne m'avait pas trompé, et si la réalité ressemblait à l'idéal.

IV

Je revins à Landrecies la veille de la Pentecôte. Le lendemain matin, je chaussai mes lunettes et, le cœur battant, je me rendis à la messe. Ma jeune Grecque me tournait le dos, et je ne pus la voir tout le temps que dura l'office. Je l'attendis à la sortie.

Les bonnes gens de Landrecies me regardaient avec une curiosité narquoise, mais je n'y prenais garde. Diane parut et, dans une anxiété inexprimable, je plongeai mes yeux sous son chapeau.

O stupeur ! Cette jeune fille à laquelle je rêvais en classe, à l'étude, en récréation, la nuit, le jour, partout ; cette jeune fille que j'adorais depuis quatre ans pour son nez droit et ses grands yeux tranquilles, hélas ! mon ami, cette jeune fille avait le nez retroussé et des yeux pétillants de malice ! Je sais bien que ces yeux-là en valent d'autres, mais qu'y faire ? Le type que je portais dans la tête n'avait pas le nez à la Roxelane.

Je pâlis affreusement et restai là, sans bouger, anéanti, pareil à un homme qui serait tombé du clocher sans se rompre le cou !

Ce n'est pas tout : la foule s'était écoulée, et je ne remarquai pas quelques gamins qui s'attroupaient autour de moi. Du groupe partirent soudain ces trois mots : « Canard à lunettes ! » qui furent accueillis par de bruyants éclats de rire.

Le sobriquet fit fortune et fut bientôt répété par tous les polissons ; je m'éloignai ; ils me suivirent en criant de plus belle : « Canard à lunettes ! canard à lunettes ! » A ces cris saugrenus, les bourgeois vinrent sur le pas de leurs portes et, les poings sur les hanches, commencèrent à me rire au nez du haut de leurs têtes.

Je me retournai et fondis sur mon cortége : j'attrapai un des insulteurs et le gifflai d'importance ; il hurla comme un possédé. Les bons bourgeois intervinrent pour le tirer de mes mains, et tous s'accordèrent à me donner tort.

Pourquoi aussi allais-je m'aviser de porter des lunettes à mon âge !... Je voulus regimber : la foule s'amassa et faillit me briser sur le nez l'instrument de mon crime.

Force me fut de regagner mon logis sous l'escorte de tous les polissons de la ville, qui criaient à tue-tête : « Canard à lunettes ! » Je ne pouvais y arriver sans passer sous les fenêtres de ma déesse. Dois-je vous avouer que je la vis entr'ouvrir son rideau et décocher son sourire le plus moqueur au malheureux « canard à lunettes ? »

Ce dernier coup m'acheva, et je rentrai chez moi, navré. C'est ainsi que les Landreciens — gens arriérés, mais gouailleurs — accueillirent le premier qui leur montra l'usage des lentilles divergentes, destinées à corriger la trop grande convexité de l'œil, et connues vulgairement sous le nom de verres de myope.

Quinze ans sont écoulés depuis cette journée, bien des événements se sont succédé pendant ce long intervalle, et j'ai eu le temps d'oublier le sobriquet de canard à lunettes ; les Landreciens m'ont revu mainte fois et ont accueilli mes lunettes sans la moindre émeute ; j'ai même rencontré sur la grand'place de Landrecies des jeunes gens qui portaient le lorgnon dans l'œil et la raie au milieu du front ; — je suis calme à cette heure, et j'ai tout pardonné. Eh bien ! mon ami, je vous le confesse, quand me revient cette histoire, je ne puis m'empêcher de penser à part moi qu'à cette époque mes concitoyens étaient un peu singuliers, et, si j'ose m'exprimer ainsi, légèrement idiots. Car, enfin, que signifie : « Canard à lunettes ? » je vous le demande.

5.

J'expliquai à mon ami que c'était sans doute : « camard à lunettes » que voulaient dire ses concitoyens, mais cette rectification ne lui parut pas satisfaisante.

Il continua en ces termes :

V

Pendant deux ans, je ne pus remettre une seule fois les pieds à Landrecies sans entendre le fatal « canard à lunettes » partir de tous les coins de rue. Je tins bon cependant : j'aimais tant à voir clair !

Je pris ma revanche l'année suivante, où l'on m'envoya terminer mes études à Paris. Je remportai un prix de thème grec au Concours général et, comme je promettais de faire un jour honneur à la ville de Landrecies, la Société philharmonique me gratifia d'une sérénade.

Mes compatriotes me passèrent mes lunettes en faveur de ma gloire, et une jeune et charmante veuve de trente-cinq ans — d'autres disent de quarante — voulut bien entreprendre de me former aux belles manières. Elle appartenait à l'aristocratie de l'endroit, son père ayant fait fortune dans la distillerie de betteraves.

Trois mois durant, je jouis du bonheur d'être distingué par une femme comme il faut. Je n'attendais qu'une occasion pour lui déclarer mes sentiments : je crus la trouver dans une soirée que donna la belle veuve et dont je devais être le héros.

J'arrivai à huit heures précises, heure où commencent les bals à Landrecies. J'avais tout lieu de me croire aimé, et, comme deux ans auparavant, à cette fatale sortie de la messe, j'étais ému. Je remis mon chapeau et mon pardessus à la domestique ; la porte du salon s'ouvrit, on m'annonça et je parus.

A la grande stupéfaction des vingt dames qui tapissaient le salon, au lieu d'aller droit à la maîtresse de la maison pour lui présenter mes hommages, je m'arrêtai indécis sur le seuil de la porte. Qu'avais-je donc, et quel malicieux démon me clouait à cette place ?

Ah ! mon ami, nous étions en hiver, et, en passant de l'air froid du dehors à l'air chaud du salon, mes lunettes s'étaient instantanément chargées d'une épaisse buée. J'avais déjà remarqué ce phénomène dans d'autres circonstances, et j'aurais dû le prévoir, mais je vous l'ai dit : j'étais ému !

Que faire ? tirer mon mouchoir de poche, ôter mes lunettes, en essuyer les verres et les remettre en place ? Sous le feu de quarante prunelles féminines, la manœuvre ne pouvait que me rendre souverainement ridicule. Avancer? Mais où? comment? vers qui? je n'y voyais pas plus que si j'avais eu les yeux bandés.

La dame de céans devina mon embarras et vint à mon secours. Brave cœur! Elle se leva et fit un pas en avant. Je regardai par-dessus mes lunettes, je l'aperçus ou plutôt la devinai, et me dirigeai vers elle.

La conduite de la pauvre femme était tout simplement héroïque. Dans une ville de trois mille âmes, où tout le monde se jalouse et se surveille, le moindre geste prend des proportions énormes. Qu'une grande dame comme elle fît un pas au-devant d'un pauvre échappé de collége comme moi, c'en était assez pour qu'on répétât le lendemain, dans tout Landrecies, qu'elle m'avait fait des avances.

VI

Maintenant, dois-je vous raconter comment l'infortunée, par la faute de mes mauvais yeux, fut payée de ses bontés pour votre serviteur?

Mon gracieux professeur, qui n'aimait pas à se vieillir, portait ce soir-là un corsage blanc avec une jupe rose. Or, je n'avais pas remarqué qu'une jeune fille de la même taille était vêtue de la même manière.

Je devais danser la première contredanse avec ma belle veuve. Je m'étais décidé à risquer ma déclaration et je tenais toute prête la phrase suivante, que je ruminais depuis huit jours : « Oh ! madame, que vous êtes bonne de ne pas dédaigner un pauvre jeune homme qui n'a que son cœur pour aimer ! »

Malheureusement, dans l'intervalle, un de mes amis m'emprunta mes lunettes — pour essayer s'il y verrait. Peut-être était-ce un prétexte, et le traître voulait-il me jouer un tour de sa façon.

Tout à coup, j'entends le signal de la contredanse et je ne vois plus mon ami. Je cherche le corsage blanc, je l'aperçois et vais tout droit m'incliner devant la dame, qui accepte mon bras et prend place avec moi dans le quadrille.

On joue les huit premières mesures, je juge le moment favorable pour glisser ma phrase ; je me penche élégamment vers ma danseuse et, de ma voix la plus flûtée :

— Oh ! madame, lui dis-je, que vous êtes bonne de ne pas dédaigner un pauvre jeune homme...

Ma danseuse lève brusquement la tête, puis s'élance en avant. On me rend mes lunettes ; la dame revient, et qu'est-ce que j'aperçois ?... Une figure étrangère !

Au lieu de la belle veuve, j'avais été chercher la jeune fille au corsage blanc. Je me retourne. La veuve était derrière moi qui faisait tapisserie et qui avait tout entendu !

Que dire et comment réparer ma bévue ? Offrir des explications, me confondre en excuses ? J'étais trop jeune pour m'en tirer galamment, et voilà comme quoi, bien que j'aie remporté le prix de thème grec, mon éducation reste encore à faire !

VII

Vous conterai-je, après cela, comment un jour, à la chasse, j'ai criblé mon meilleur ami de menu plomb, l'ayant tiré pour une pièce de gibier ; comment j'ai raté une fort jolie place et manqué mon avenir pour n'avoir pas salué un grand personnage à qui j'avais été présenté la veille ; comment, par suite de la manie qu'ont les myopes de regarder les gens sous le nez, je me suis fait casser un bras d'un coup de pistolet par un monsieur aussi adroit que susceptible ; comment... mais tout cela ne serait rien, si cette maudite infirmité ne m'avait deshérité du bonheur d'aimer et d'être aimé !

Là, en effet, se sont bornées mes amours ; je parle de ces naïves et fraîches amours qui naissent d'un regard et éclosent à la douce chaleur des œillades, les seules qui m'aient jamais plu, peut-être parce qu'elles m'étaient interdites. La peur de me rendre ridicule m'a rendu timide, et, comme René — lequel devait être myope — j'ai passé solitaire parmi la foule, vaste désert d'hommes... et de femmes !

VIII

Mon ami X..., avait prononcé ces derniers mots d'une voix altérée. Comme je me taisais, il crut sans doute que je sympathisais avec ses ennuis et que mon silence était un effet de l'émotion.

— N'est-ce pas, reprit-il, que la myopie est une désolante infirmité, et qu'un vrai myope est bien à plaindre ?

— Un myope !... Oui, répondis-je sans penser à mal. *Les Tribulations d'un myope*... il y a certainement là une pièce, et j'en parlerai au premier vaudevilliste qui me tombera sous la main. En creusant le sujet et en *corsant* les situations, on pourrait trouver là-dedans un lever de rideau assez gai pour le Palais-Royal.

Mon ami X... me regarda d'un air effaré, et je m'aperçus que j'avais dit une sottise.

LA

MAISON-AUX-LILAS

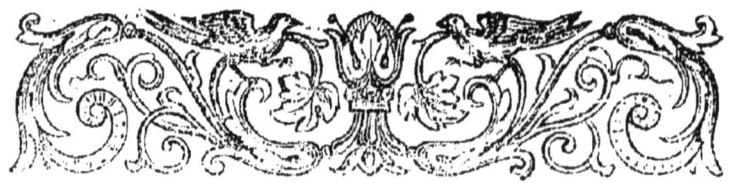

La Maison aux Lilas

I

onsieur le duc Bertrand de Forestel est le dernier descendant d'une famille princière de Flandre. Il est garçon et ne songe pas à se marier; il a trente-cinq ans, la figure belle et expressive, l'air grand et trois cent mille livres de rente qu'il dépense noblement; il cultive les arts et particulièrement la musique, où il excelle.

On ne lui connaît que deux défauts : il ne fait pas courir et on ne le voit jamais dans les coulisses de l'Opéra. On le soupçonne, en revanche, de ne point manquer de bonnes fortunes; mais il a l'âme bien située et n'aime qu'en haut lieu. Ce n'est peut-être pas le dernier gentilhomme : à coup sûr c'est le dernier amoureux.

Les femmes du monde à qui M. de Forestel adresse ses hommages seraient fort étonnées si on leur contait l'histoire de son premier amour. La voici :

II

Bertrand de Forestel a été élevé dans un de ses châteaux par sa grand'mère, bonne femme, mais orgueilleuse de sa noblesse et qui adorait en lui le seul rejeton de la famille.

Un trait suffira pour vous peindre la douairière de Forestel. La galerie des portraits de famille s'ouvrait par deux vénérables toiles. La première représentait le déluge : vers l'arche flottant sur les eaux nageait d'une main un homme qui tenait de l'autre un rouleau de papyrus. Sur une banderolle sortant de la bouche du nageur on lisait ces mots : « Au nom de Dieu ! sauvez du moins les titres de la maison de Forestel ! »

Dans le second tableau, le peintre avait figuré la visite qu'un prince de cette noble lignée rendait à la sainte Vierge en arrivant au paradis. La Mère de Dieu l'accueillait gracieusement par ces paroles :

— Couvrez-vous, mon cousin.

— Ne faites pas attention, belle dame, répondait le prince, c'est pour ma commodité.

Je n'ai pas besoin de vous dire si l'espoir de la maison de Forestel était surveillé avec sollicitude. La grand'mère de Bertrand sortait peu et il ne sortait jamais sans elle.

On lui permettait bien de jouer dans le jardin, dessiné à l'anglaise, qui s'épanouissait sous les fenêtres du château ; mais il lui était expressément défendu de pénétrer dans le parc. Le jeune prince s'amusait médiocrement et il éprouvait le plus vif désir de rompre sa lisière.

A sept ans, comme il savait lire, on lui donna pour ses étrennes un magnifique *Robinson Crusoé* avec gravures. Ce livre enflamma son imagination naissante : il ne rêva plus que voyages au long cours, îles désertes, forêts vierges, et il forma *in petto* le projet d'aller au prochain port s'embarquer en qualité de mousse pour une expédition lointaine.

Comme les rares promenades de la douairière étaient toujours dirigées du même côté, il y avait une partie du parc où Bertrand n'avait jamais mis les pieds. C'est par là qu'il résolut de s'enfuir.

Donc, un matin du mois de mai, après le déjeuner il saisit le moment où sa gouvernante avait le dos tourné, et il disparut. Il courut près d'une demi-heure sans s'arrêter, tant il avait peur d'être rattrapé;

il enfilait à l'aventure les sentiers qui se présentaient. Il était tout heureux de se sentir libre ; l'air lui semblait plus pur, les arbres plus beaux et plus touffus.

Cette partie du bois avait du reste un aspect assez sévère ; c'est sans doute ce qui en éloignait la duchesse. Quand le fugitif rencontrait un paysan, il se cachait dans le fourré et le laissait passer.

III

Au bout de deux heures, il se sentit fatigué ; il s'assit au pied d'un arbre et s'endormit. Lorsqu'il se réveilla, le soleil baissait sur l'horizon. Notre héros avait des tiraillements d'estomac : c'était la faim, une sensation nouvelle pour lui ; il se leva et marcha quelque temps.

Il commençait à penser que le château valait bien une île déserte, et il avait toutes les peines du monde à renfoncer ses larmes, quand, au détour d'un sentier, il aperçut dans une clairière une petite maison blanche avec des volets verts. La maisonnette était presque cachée par de gros lilas tout fleuris.

Il s'en approcha et vit, assise près de la fenêtre,

une blondine de son âge qui mangeait du pain bis émietté dans du lait. Il avait eu rarement occasion de jouer avec des enfants. La douairière n'était servie que par d'anciens domestiques, et il ne venait au château que le curé du village, et de loin en loin quelques vieux seigneurs des environs. Le frais visage de cette fillette apparut au jeune fugitif comme une rose au milieu des touffes de lilas.

Tout à coup elle leva les yeux et poussa un cri de surprise :

— Mon doux Jésus! le petit prince!

Elle courut à la porte et invita Bertrand à entrer. Elle lui demanda comment il se trouvait seul si loin du château. Bertrand n'osa lui conter son escapade ; elle lui semblait si sage et si raisonnable qu'il craignait qu'elle ne le jugeât trop enfant.

Il répondit simplement qu'il s'était égaré et avoua qu'il avait faim. La blondine lui donna une part de son goûter, qu'il dévora avec délices; après quoi tous les deux causèrent de bonne amitié.

Elle lui apprit qu'elle s'appelait Louise. Son père, un des gardes du bois, était occupé en ce moment à faire sa tournée; sa mère venait de partir pour le village.

Madame la duchesse était sa marraine; Louise allait la voir deux fois l'an, à sa fête et à la nouvelle année. Elle avait quelquefois aperçu le petit prince et l'avait reconnu du premier coup d'œil.

Le père de Louise rentra au beau milieu de la conversation, et fut très-étonné et fort joyeux de trouver là le futur Robinson : il avait rencontré des gens qui le cherchaient.

Tout était en émoi dans le château, et il se hâta de l'y ramener. Bertrand dit adieu à sa nouvelle amie en lui promettant de revenir jouer avec elle.

IV

Le chercheur d'aventures fut bien caressé et bien grondé par sa grand'mère, et son équipée lui valut un redoublement de surveillance. Il supplia, mais en vain, les jours suivants, qu'on le conduisît près de Louise.

Il ne rêvait plus que Louise, et le monde lui semblait partagé en deux classes d'enfants : ceux qui s'ennuyaient dans un vaste château sous la garde de vieux serviteurs, et ceux qui s'amusaient dans de jolies maisons blanches et vertes, d'où ils pouvaient s'envoler librement à travers les bois.

Peu à peu, cependant, l'image charmante s'effaça de sa mémoire. Peut-être revit-il plus tard la petite fille, mais il n'y prit pas garde, et sans doute qu'il ne se serait jamais souvenu d'elle, sans un hasard qui les remit en présence.

Bertrand fit sa première communion dans la chapelle du château. Le curé du village obtint de la châtelaine la permission d'y amener, pour communier avec lui, une enfant de la paroisse qui, sortant de maladie, n'avait pu accomplir en son temps cet acte religieux.

Pendant la cérémonie le prince fut distrait : il lui semblait qu'il avait déjà vu sa compagne, sans qu'il pût se rappeler en quel lieu ni à quelle époque.

Le curé leur adressa une courte exhortation où il expliqua que, l'un étant le petit-fils et l'autre la filleule de madame la princesse, ils étaient frère et sœur en Dieu. La mémoire de Bertrand fut comme illuminée par un éclair : il reconnut la jolie blondine de la maison aux lilas.

Elle avait beaucoup grandi. Sa taille était svelte, et sa figure, un peu pâle, offrait dans les lignes ce je ne sais quoi de net et d'arrêté qui dénote la présence de l'âme. Le prince pensa qu'il n'avait jamais rien vu de si beau et cependant les yeux doux et sérieux de la jeune paysanne lui inspiraient une sorte de respect.

Avec le curé, madame de Forestel retint sa filleule à dîner. Pendant le repas, Bertrand fut mal à son aise et parla peu. Louise répondait avec justesse et sans trop d'embarras aux questions de sa marraine. Il semblait qu'elle eût naturellement cette liberté d'esprit, cette assurance qu'acquièrent de bonne heure les filles de famille.

Quand elle partit, notre héros fut triste : on eût dit que quelque chose lui manquait. Comme il était devenu grand garçon, on le laissa étendre le cercle de ses promenades, qu'il faisait accompagné de son valet de chambre, et il les dirigeait souvent du côté de la maisonnette aux lilas. Il rencontrait quelquefois Louise, et son cœur battait fort.

Rien n'était simple comme de lui adresser la parole, mais il ne savait que lui dire. Il était arrêté par une timidité invincible ; il se figurait que son domestique et elle-même auraient deviné ce qui se passait en lui.

V

Le mois d'octobre arriva, et Bertrand partit pour Paris avec sa grand'mère. Il avait été décidé qu'il aurait un gouverneur et qu'il suivrait sous sa conduite les cours du lycée Saint-Louis.

A Paris comme à la campagne, madame de Forestel vivait fort retirée. Bertrand s'ennuyait beaucoup et regrettait le château ; il avait gardé le souvenir de Louise, et attendait le mois d'août avec impatience.

Trois années de suite il retourna en Flandre aux vacances. Il rencontrait souvent Louise, qu'il trouvait toujours plus grande et plus belle ; mais sa timidité croissait avec l'âge, et il se contentait de la saluer.

Une fois, il crut s'apercevoir que son salut avait fait rougir la jeune fille, et il emporta du bonheur pour six mois.

Ses impressions commençaient pourtant de nouveau à s'affaiblir, quand il la revit au château. Fiers de la gentillesse de leur fille, les parents de Louise avaient voulu lui donner plus d'instruction qu'on n'en reçoit au village.

Ils avaient sacrifié leurs épargnes pour la mettre en pension. La gentille pensionnaire était revenue chargée de couronnes, et sa mère l'avait amenée pour faire hommage de ses succès à sa marraine.

Après l'avoir embrassée, la duchesse se tourna vers Bertrand et lui dit :

— Vois-tu, Bertrand, ta petite sœur travaille mieux que toi.

Ce reproche fit rougir le prince jusqu'au blanc des yeux.

— La voilà bonne à marier, cette belle fille,

ajouta la duchesse ; et ce mot produisit sur lui un singulier effet.

Jusqu'alors il avait été un écolier rêveur et paresseux. Il se piqua d'émulation et, l'année suivante, il revint, lui aussi, avec quelques succès. On en parla beaucoup dans la maison, et il espéra que le bruit en parviendrait jusqu'à Louise.

VI

Cette année-là, madame la comtesse d'Hautrage vint passer un mois au château avec ses enfants, Paul et Blanche, qui avaient à peu près l'âge de Bertrand. Les Forestel et les Hautrage, brouillés d'ancienne date, s'étaient récemment rapprochés et ils songeaient à sceller un jour la réconciliation par un mariage entre Blanche et Bertrand.

Blanche, qui est aujourd'hui une des plus jolies femmes de Paris, promettait alors tout ce qu'elle a tenu. Bertrand lui plaisait assez et elle lui aurait plu sans doute s'il avait eu des yeux pour la regarder.

Un dimanche, c'était la fête du village, on dansait sous une tente devant le château : les maîtres descendirent pour voir le bal. Madame de Forestel, qui était très-fière avec ses pareils, affectait de se montrer simple et affable avec les paysans.

Blanche eut envie de danser. On permit aux jeunes gens de former un quadrille à part ; Bertrand donna la main à Blanche et on dit à Paul d'inviter Louise.

La paysanne reçut cet honneur sans trop d'émotion apparente. A la première fois qu'en faisant la chaîne, Bertrand toucha la main de Louise, il sentit un frisson lui parcourir tout le corps.

— Voyez donc comme cette petite fille danse avec grâce, lui dit Blanche.

Bertrand aurait volontiers embrassé Blanche pour cette remarque. Il prit son courage à deux mains et invita Louise à son tour.

L'orchestre préluda. Bertrand était oppressé, la sueur perlait sur son front. Dans l'intervalle qui sépare la première de la seconde figure, il tenta vainement de trouver un mot.

Il était gauche, embarrassé ; Louise, grave et sérieuse comme à l'ordinaire. Enfin, il se décida à parler et lui dit, devinez quoi :

— Il fait chaud, n'est-ce pas, Mademoiselle?

— Oui, monsieur le prince.

A la seconde figure, il avait trouvé mieux, et dit :

— Vous aimez le bal, Mademoiselle ?

— Non, monsieur le prince.

Je ne me rappelle plus les questions de la troisième et de la quatrième figure, mais je me rappelle les réponses de Louise :

— Peut-être, monsieur le prince ; je ne sais pas, monsieur le prince.

Bertrand reconduisit sa danseuse à sa place. Il se trouvait stupide et était furieux contre tout le monde et lui-même. Il voulait quitter le bal sur-le-champ, au grand chagrin de Blanche qui s'amusait fort.

Le lendemain, par une charmante matinée, les jeunes gens allèrent se promener dans la forêt. Est-ce le hasard qui les mena du côté de la maisonnette aux lilas ?

Blanche désira s'y reposer. Louise était seule ; Bertrand lui demanda du lait et le fit d'un ton si brusque et si hautain, que la pauvre fille le regarda tout étonnée.

Blanche engagea la conversation par quelques mots de remerciement, puis on parla du bal de la veille. Bertrand avait honte de lui-même, et il se renferma dans un silence boudeur.

— Partons, dit Blanche en se levant ; il est temps de rentrer ; Bertrand devient maussade.

Durant l'automne, le jeune prince rencontra plusieurs fois Louise, et il affecta de ne pas la voir.

VII

A la mi-octobre, Bertrand retourna à Paris et sa grand'mère resta à la campagne. On congédia le gouverneur, et le prince fut mis en pension. Les conversations de ses nouveaux camarades lui apprirent bien des choses qu'il ignorait.

Chacun d'eux avait une histoire à peu près semblable, mais dont l'héroïne n'habitait pas au village et qui se dénouait d'une façon que Bertrand n'aurait point soupçonnée.

Il se rendit compte de ce qu'il éprouvait, et fut si honteux de l'éprouver pour une petite paysanne, qu'il n'osa en parler à personne.

Trois années s'écoulèrent. Ses études terminées, Bertrand revint au château et y passa l'hiver. On lui avait donné un fusil et on le laissait sortir seul; il alla chasser du côté de la maisonnette. Plusieurs fois il vit Louise à sa fenêtre et n'osa pas entrer chez elle.

Il l'aurait pu, sous prétexte de prendre son père pour chasser de compagnie. Une sorte de pudeur l'en empêcha : il se faisait l'effet d'un voleur.

Enfin, un jour qu'il avait tué un faisan, l'idée lui

vint de s'en servir pour attirer Louise hors de sa maison. Il jeta son gibier dans un buisson, à vingt pas de la porte et tira en l'air.

Louise parut en effet au bruit et fut toute surprise de trouver là le jeune prince. Il ramassa son faisan et le lui offrit, non sans trembler.

— C'est singulier, il est déjà froid, dit-elle.

Bertrand rougit, balbutia et acheva de perdre contenance. Louise, de son côté, paraissait aussi gênée que lui. Avait-elle deviné son amour?

Heureusement, la mère de la jeune fille vint les tirer d'embarras. Fort touchée de l'attention du prince, elle l'invita à entrer et fit à peu près seule les frais de la conversation.

Elle lui dit entre autres choses que Louise aimait beaucoup la lecture, mais qu'elle manquait de livres. Bertrand saisit ce prétexte pour revenir et, le lendemain, il apporta *Paul et Virginie*.

La jeune fille rougit à sa vue et se montra plus réservée encore que d'habitude. Peu à peu, cependant, il parvint à rompre la glace et Louise se refusa moins à la causerie. Il revint ainsi sept ou huit jours de suite, et bientôt sa présence parut toute naturelle dans la maison.

Grâce à la liberté que donnent les mœurs du village, on les laissait souvent seuls. Louise était mieux gardée par sa chasteté que d'autres par leurs mères. Bertrand arrivait la tête en feu, puis, insensiblement, il cédait à la douce influence de Louise, et sortait sans avoir osé lui serrer la main.

L'aimait-elle? Voilà la question que, jusqu'au retour du printemps, il se posa du matin au soir.

VIII

Le père de Louise avait dans les manières et les sentiments plus de délicatesse qu'on n'en eût attendu d'un simple paysan. Comme l'exigeait son service, il passait la plupart de sa journée dans le bois, et d'instinct Bertrand choisissait, pour venir à la maisonnette, les heures où il le croyait absent.

Deux fois il l'avait rencontré et il s'était trouvé mal à son aise. La troisième, le garde sortit presque aussitôt en lançant à sa femme un regard que surprit le jeune prince.

Louise, de son côté, paraissait émue, et Bertrand crut s'apercevoir qu'elle avait pleuré. Sa mère la renvoya sous un prétexte; puis, d'un air contraint et d'une voix triste :

— Monsieur le prince, fit-elle, pardonnez-moi ce que je vais vous dire. Vos visites ont été remarquées, on commence à jaser dans le village et...

Bertrand sentit le sang des Forestel lui monter à la tête.

— Et vous me mettez à la porte ! dit-il, les dents serrées.

La pauvre femme ne put retenir ses larmes.

— Louise ne doit pourtant pas perdre sa réputation pour votre plaisir, répondit-elle.

Bertrand fut touché de cette douleur maternelle.

— Eh bien ! dit-il, laissez-moi lui faire mes adieux et je ne reviendrai plus !

— Non, monsieur le prince, il vaut mieux partir sans la revoir.

— Vous avez raison, murmura-t-il, et il sortit la tête basse.

Il n'était point à dix pas de la maison que la bonne femme courut à lui. Elle lui prit la main et la pressa en disant :

— Vous ne m'en voudrez pas et vous ne reviendrez plus, n'est-ce pas ? Promettez-le-moi.

Bertrand se retourna et aperçut à la fenêtre, encadrée dans les lilas en fleurs, comme il l'avait vue dix ans auparavant, la charmante tête de Louise.

Son regard avait une ineffable expression de tristesse et de contentement. Il crut y lire qu'elle le remerciait de sa générosité.

— Je vous le promets, dit-il.

— Merci, Monseigneur, dit la mère de Louise, et

elle lui baisa la main comme souvent il lui avait vu baiser la main de sa grand'mère.

IX

Bertrand s'enfuit, la tête perdue, à travers la forêt. Pendant huit jours, il tint sa parole. Dieu sait ce qu'il lui en coûta ! Le neuvième, il alla rôder autour de la maisonnette.

Il se cachait derrière les arbres et y restait de longues heures à guetter la vue de Louise. On eût dit qu'elle se doutait de quelque chose, car elle se montrait rarement.

Il devenait pâle, maigre, taciturne au point d'inquiéter sa grand'mère : il songeait sérieusement à épouser Louise. Si madame de Forestel avait pu connaître ce qui se passait en lui, elle en serait morte de chagrin.

Un jour, au moment où la fille du garde sortait de sa maison, il s'avança vers elle. Elle rentra vivement ; il lui cria : « Louise ! » d'une voix suppliante.

Elle se retourna et ferma la porte sans lui répondre.

C'en était trop. Les médecins avaient conseillé à

la duchesse de faire voyager son petit-fils. Comme il avait fini ses humanités, rien ne s'y opposait. Il partit huit jours après pour l'Italie.

La nouveauté des spectacles le calma peu à peu. Il acheva de se guérir en se livrant avec fureur à l'étude de la musique.

X

Deux ans après, il retourna au château et n'alla pas revoir la petite maison aux lilas. Un soir, dans le salon, Blanche chantait et il l'accompagnait au piano. On annonça une visite; ils s'arrêtèrent.

— Ce n'est rien, leur dit madame de Forestel. Ma filleule s'est mariée aujourd'hui, et elle vient nous faire sa visite de noces.

Bertrand éprouva plus d'émotion qu'il n'aurait cru. Louise entra et pâlit légèrement à sa vue. Pendant qu'elle causait avec sa marraine, il observait curieusement son mari, qui lui parut avoir une bonne figure, ouverte et franche.

Quand la nouvelle mariée prit congé, sa marraine l'embrassa. Louise se tourna ensuite vers Bertrand, et lui tendit la main en hésitant. Il effleura son front de ses lèvres et lui dit :

— Soyez heureuse, ma petite sœur.

— N'est-ce pas la jeune paysanne avec qui nous avons dansé il y a trois ans ? dit Blanche.

— Elle-même.

— Eh bien ! elle a décidément l'air très-distingué.

A quelque temps de là, la duchesse de Forestel alla rejoindre ses ancêtres, et Louise eut, de son côté, le malheur de perdre ses parents.

Bertrand nomma son mari brigadier des gardes de la forêt, mais il ne voulut pas que le jeune ménage demeurât dans la maisonnette aux lilas. Ils habitent une autre partie du bois, que le prince visite fort rarement. Quant à la petite maison, il en a fait un rendez-vous de chasse.

XI

Bertrand a revu Louise une seule fois ; elle a trois enfants, et sa taille en a souffert. Il a mis l'aîné au collége, et il se charge de son avenir. Il a aimé bien souvent depuis lors ; jamais autant ni aussi sincèrement.

Il n'aime plus Louise, mais il aime encore la maisonnette aux lilas. Tous les ans, au mois de mai, il retourne au château et va respirer les lilas en fleurs. C'est, tout compte fait, le moment de l'année où il se trouve le plus heureux.

LE PERCEPTEUR

DANS L'EMBARRAS

LE PERCEPTEUR

DANS L'EMBARRAS

Le Percepteur dans l'embarras

I

es curieux s'arrêtaient, au dernier salon, devant un joli tableau de chevalet signé Ludovic Flamart. Cette petite toile représente l'intérieur d'un bureau : un monsieur en robe de chambre est assis à une table où, sur un papier, sont posés les chiffres d'une division. Un autre personnage, vêtu d'une longue redingote olive, le contemple avec de gros yeux hébétés.

Le reproche le plus sérieux qu'on puisse faire à ce tableau, c'est que le sujet ne se devine pas du premier coup d'œil et qu'on a besoin de recourir au livret. Le livret ne donne que ces trois mots : *Fort en calcul,* mais cela suffit et on comprend tout de suite qu'ils sont pris au sens ironique.

On remarque que le calculateur promène autour de lui un regard vague et embarrassé, on s'aperçoit qu'il mâchonne sa plume et se gratte l'oreille avec fureur; bref, éclairée par ces trois mots, sa physionomie révèle une angoisse telle qu'on ne peut s'empêcher de sourire.

Le tableau est vivant : c'est qu'en effet le peintre, comme on dit, l'a *vécu*, et ses amis y reconnaissent la scène principale d'une aventure qui lui est jadis arrivée.

II

Vers 1845, Ludovic Flamart était un honnête garçon qui ne manquait pas d'avenir, mais qui manquait de modestie. Ce défaut lui venait d'une imagination ardente jointe à une verve intarissable.

Il peignait peu, en revanche il raisonnait peinture mieux qu'un critique de grand format, je veux dire plus longuement; en outre, il parlait d'abondance sur n'importe quel sujet : littérature, arts, sciences, hormis pourtant les sciences exactes, qu'il méprisait souverainement. Ludovic se faisait gloire d'ignorer jusqu'aux premières règles de l'arithmétique.

Il passait son temps à rêver des sujets extraordinaires, qu'il n'exécutait pas. En attendant, le futur grand homme peignait la nature morte, et il courait sur son compte par les ateliers une charge dont lui-même riait le premier.

Ludovic, disait-on, avait conçu un tableau splendide, original, un tableau à lui et qui n'avait jamais été fait : *les Quatre Saisons*. Il devait figurer le printemps par des lilas, l'été par des roses, l'automne par des grappes de raisin, et l'hiver par une volée de canards sauvages.

Un seul point l'embarrassait : il ne savait quelle saison choisir pour rendre son idée d'après nature. Au printemps il manquait de raisins, en été de canards, de lilas en automne et de roses en hiver.

Ludovic devait consacrer sa vie à chercher la solution de ce problème, après quoi il mettrait la main à son chef-d'œuvre.

A cette époque, il y eut une recrudescence de politique dans les ateliers. Ce fut pour l'imagination de l'artiste un nouvel aliment, et il mêla aux théories sur l'art les théories républicaines, socialistes, phalanstériennes et autres. Il aborda la grande peinture : il fit plus, il inventa la peinture de l'avenir, qui consistait en la symbolisation des idées démocratiques par des procédés inconnus jusqu'alors.

On n'a jamais pu savoir quels étaient ces procédés. La faute en est à l'administration, qui ne voulut pas confier à Ludovic les monuments de Paris : il promettait de les rendre couverts de gigantesques allégories.

La révolution de 1848 éclata comme le bouquet de ce feu d'artifice. Les révolutions sont en général de rudes moments à passer pour les artistes.

Cette année-là, comme le salon s'ouvrait à toutes les œuvres indistinctement, Ludovic exposa deux grandes toiles, intitulées *la Passionnelle* et *la Papillonne*. Quelques-uns les regardèrent sans rire ; mais les deux toiles lui restèrent pour compte, et le nouveau gouvernement eut l'ingratitude de ne lui donner aucun palais à illustrer.

Ne sachant pas de métier et d'autre part ayant usé la confiance de son restaurateur, il se décida pour vivre à chercher une place. Il ferma son atelier, courut les clubs et y pérora tant et si bien qu'il finit par accrocher l'emploi de percepteur à Saint-Amand-les-Eaux.

III

« Je vais leur montrer un percepteur comme ils n'en auront jamais vu, se dit Ludovic en montant dans le chemin de fer du Nord; ils seront joliment épatés ! »

Il débarqua à Saint-Amand dans un costume où l'art se mariait agréablement à la politique : feutre à larges bords, cheveux longs, col rabattu sur une ample cravate rouge, vareuse et pantalon à carreaux.

A peine installé, il alla faire sa visite à M. le maire et lui tint à peu près ce langage :

— La République, citoyen, ne songe pas seulement à percevoir l'argent de ses enfants : en bonne mère, elle croit que son devoir est de leur donner la lumière en échange de l'or : voilà pourquoi elle m'a envoyé vers vous. Oui, monsieur, je suis artiste, et j'ai exposé cette année deux grandes toiles, l'une intitulée la *Papillonne*, et l'autre la *Passionnelle*, qui ont fait, j'ose le dire, une certaine sensation.

Et comme M. le maire le regardait bouche béante, il ajouta :

— Ah! nous allons révolutionner Saint-Amand! Avez-vous ici une académie de dessin ?

— Non, monsieur.

— Bien, j'en fonderai une. Avez-vous une galerie de tableaux, un musée ?

— Non, monsieur.

— J'en fonderai un et, pour le commencer, je ferai hommage à la ville de mes deux grandes toiles.

Ludovic répéta ce discours avec quelques variantes chez tous les notables, et les Amandinois trouvèrent que la République leur avait expédié là un drôle de percepteur.

IV

Trois jours après, les contribuables furent avertis que la caisse était ouverte. Le père Rondelin, vieux propriétaire riche et maniaque, fut la première personne qui s'y présenta.

Monté comme un chronomètre, le père Rondelin était la régularité en personne. Il se levait à six heures, déjeunait à sept, dînait à midi, soupait à huit heures et se couchait à dix depuis trente ans, sans varier d'une minute.

Il passait les intervalles de ses repas dans quatre estaminets qu'il visitait successivement, où il se mettait à la même table, fumait le même nombre de pipes et buvait la même quantité de chopes, — quinze par jour, ni plus ni moins. C'était ce qu'on appelle à Saint-Amand un homme rangé, et il payait ses contributions à jour fixe.

Ludovic prit le rôle et chercha la lettre R.

— Nous disons, fit-il, 539 francs 37 centimes.

— Je paye par quarts, murmura le père Rondelin.

— Par quarts ! s'écria l'artiste.

Ludovic avait obtenu son emploi sans subir l'examen de capacité qui eût été de rigueur en d'autres temps. Pensant que qui peut le plus peut le moins, et qu'un peintre de sa valeur ne pouvait manquer d'être un excellent receveur des contributions, il ne s'était pas autrement préoccupé de se mettre au fait de sa besogne.

Il resta confondu devant la chiffre fatal. Une idée venait de traverser sa cervelle comme une décharge électrique. Il avait une division à faire ; or, quand il se vantait d'ignorer les quatre règles, le malheureux ne disait que trop vrai.

Il chercha à rappeler ses souvenirs. Il voyait vaguement avec les yeux de l'esprit, sur son traité d'arithmétique tout maculé, la ligne perpendiculaire coupée à angle droit par une ligne horizontale : c'est là que se posaient les chiffres, mais dans quel ordre ? Il retrouvait tout au fond de sa mémoire les mots de dividende, de diviseur et de quotient, mais quel était le sens de ces termes ?

Il se mit à mâcher sa plume et à se gratter la tête. Mille pensées s'y croisaient, rapides comme des éclairs et elles aboutissaient toutes à celle-ci : « Après s'être présenté comme un homme supérieur, échouer misérablement sur une division ! Qu'allaient penser de lui les naturels de l'endroit ? Que dirait-on à Paris ? En fallait-il davantage pour être destitué comme incapable ? »

Une sueur froide perlait sur son front. Il leva les

yeux et vit la figure bête du père Rondelin, qui le regardait sans idée. Il se rappela Claude Frollo se tordant sur la gouttière au haut des tours de Notre-Dame.

La figure du père Rondelin lui semblait aussi formidable que le visage de Quasimodo. Il abaissa les yeux sur son papier, le nombre 539,37 y luisait en caractères de feu.

Il chercha à faire l'opération de tête, à la manière des gens qui ignorent l'arithmétique; mais, outre qu'il n'avait aucune habitude du calcul mental, il était si troublé qu'il avait beau recommencer, il s'embrouillait constamment.

Il fit un demi-tour sur sa chaise, toussa, cracha, se moucha, déchira son papier, le roula en boulettes et... il ne trouva rien.

« Pascal a inventé la géométrie, se dit-il enfin, mais quand je peinerais durant deux heures, je n'inventerais pas la division. Cherchons plutôt un prétexte pour renvoyer cet imbécile. »

V

Il se tourna vers le père Rondelin et engagea la conversation.

— Asseyez-vous donc, monsieur Rondelin, lui dit-il avec son sourire le plus agréable. Comment se porte madame Rondelin ?

A cette question aimable mais inattendue, le bonhomme fit un soubresaut.

— Madame Rondelin ? répondit-il d'un air ahuri, madame Rondelin ? mais je ne suis pas marié !

— Ah ! vous n'êtes pas marié ! Tiens ! pourquoi donc ?

Cette nouvelle question, plus saugrenue encore, ajouta à l'hébétement du contribuable. Il parut d'abord ne pas comprendre, puis il balbutia :

— C'est que... j'ai mes petites habitudes, voyez-vous, et... une femme, ça dérange.

— Vous avez pourtant une jolie fortune, à en juger par vos impositions.

— Heu ! heu ! fit le père Rondelin, qui n'aimait pas à conter ses affaires.

— Et il y a de charmantes personnes à Saint-Amand, autant que j'ai pu voir.

Le vieux célibataire ne répondit rien.

Ludovic eut l'idée de passer dans la chambre voisine et d'envoyer sa gouvernante prévenir M. Rondelin qu'on l'attendait chez lui sur-le-champ ; mais il n'était pas sûr de la discrétion de cette femme, et d'ailleurs, une fois détrompé, que penserait M. Rondelin de cette mauvaise plaisanterie ?

Les deux hommes se regardaient en silence.

— Si vous vouliez bien me dire combien je vous dois ? demanda le bonhomme.

— Vous le savez : 539 francs 37 centimes.

— Mais par quarts ?

— Ne pourriez-vous pas payer l'année entière ? Cela vous dispenserait de revenir. C'est une règle que, dans l'intérêt général, je veux établir à Saint-Amand.

— Impossible, Monsieur. J'ai mes petites habitudes, voyez-vous, et... Si vous vouliez me dire combien je vous dois ?

— Vieux maniaque ! murmura Ludovic entre ses dents ; puis, tout haut : Vous êtes bien pressé, monsieur Rondelin. Laissez-moi profiter de cette occasion pour lier connaissance avec un des habitants les plus imposés de Saint-Amand. J'irai vous voir : je n'ai pas encore fait toutes mes visites. Vous devez aimer les arts, monsieur Rondelin. Il faut que je vous montre mes croquis, car je suis artiste, moi ! Je n'étais pas né pour faire des divisions. Oh ! la division ! quelle stupide invention ! Je voudrais ne pas savoir la division ! Car, voyez-vous, monsieur Rondelin, comme j'avais l'honneur de le dire dernièrement aux membres du gouvernement provisoire, la division est la ruine des États !

Et, en parlant ainsi, il bouleversait ses cartons et étalait ses esquisses sous les yeux du brave homme.

— Êtes-vous phalanstérien ? Vous devez être phalanstérien. Ceci vous représente la Passionnelle.

— Phalanstérien ? la Passionnelle ? répétait le père Rondelin, qui ne lisait jamais un journal et pour qui ces mots étaient du sanscrit.

— Et voilà la Papillonne.

— La Papillonne ?... C'est une danse ? Mais je ne vois pas de papillons, objecta le père Rondelin, qui ne savait que répondre.

— Votre observation est juste : il faudra que j'en ajoute, fit l'artiste, si heureux de le voir mordre à la conversation, qu'il ne songea pas à faire poser son bourgeois.

VI

Mais la visite des cartons ne pouvait durer éternellement, et bientôt l'entêté bonhomme recommença sa phrase.

— Si vous vouliez bien me dire...

Ludovic la coupa en deux et, prenant un journal sur la table :

— Êtes-vous abonné au *Moniteur de la Betterave* ?... Un bien joli journal, n'est-ce pas ? Tenez, écoutez le feuilleton : c'est palpitant d'intérêt.

Et il se mit à lire un fragment d'un de ces longs et absurdes romans d'aventures, qui commençaient alors en province la fortune qu'ils ont faite depuis au bas des grands journaux parisiens. Il espérait avoir raison de son homme par l'ennui : les deux bras lui tombèrent quand, la lecture finie, il l'entendit s'écrier :

— Oh ! oui, c'est une bien belle histoire ! Et comme c'est écrit !

— Le déjeuner est servi, vint dire la vieille gouvernante.

— J'y vais, cria Ludovic, saisissant ce prétexte au vol. Au plaisir de vous revoir, monsieur Rondelin.

Il se leva et lui tendit la main. Mais le père Rondelin avait l'habitude de payer son quart ce jour-là : il n'était pas homme à s'en retourner avec son argent.

— Vous oubliez notre petit compte, dit-il.

Et il commença de trouver bizarre cette manière de percevoir les contributions.

Ludovic se rassit, consterné.

Tout à coup, il se releva ou plutôt il bondit : il venait de découvrir son moyen. Il se précipita sur le contribuable et, lui pressant les mains avec effusion :

— Mon cher monsieur Rondelin, s'écria-t-il, faites-moi un plaisir : déjeunez avec moi.

Le père Rondelin marchait de surprise en surprise ; il murmura :

— Merci ! j'ai pris ce matin mon café au lait.

— Ah! c'est vrai, vous dînez à midi, habitude du Nord. Bah! il est onze heures passées, ce sera un déjeuner dînatoire, comme on dit. J'ai reçu hier vingt-cinq bouteilles d'un petit vin sur lequel je veux avoir votre avis.

Le bonhomme se défendit comme un beau diable, mais après toutes les cérémonies qui sont de politesse en province, il se laissa faire.

— Ajoutez un couvert et montez quatre bouteilles, cria Ludovic triomphant. Je vais le griser abominablement, se dit-il, et il oubliera son petit compte.

VII

A table, pour distraire son convive de son idée dominante, l'artiste déploya toutes les grâces de son esprit. Le père Rondelin n'avait qu'un mérite, mais solide : il buvait comme une éponge. Le vin imbibait sa tête sans l'étourdir. Au dessert, Ludovic, qui se grisait à parler autant qu'à boire, chanta des refrains qui effarouchaient le digne homme.

A force de pousser à la consommation, il avait oublié tout et jusqu'à la division. Il eut même l'imprudence de repasser dans son bureau pour y fumer un cigare. M. Rondelin jeta par hasard les yeux sur la pendule.

— Une heure et demie ! s'écria-t-il. Que va dire Anastasie ?

Depuis plus de trente ans, c'était la première fois qu'il ne rentrait pas pour dîner, et il redoutait les reproches de sa vieille sœur.

— Si vous vouliez bien me régler mon petit compte ? dit-il en prenant son chapeau.

— Quel petit compte ? Ah ! oui, la division ! Mais je m'en moque, comme d'une bouteille vide, de votre division ! Est-ce que je sais la division !

— Vous ne savez pas la division ? dit le père Rondelin, tombant des nues.

— Ah ! est-il bon enfant ! Si, si, père Rondelin. Qui est-ce qui ne sait pas la division ? Est-ce que vous ne la savez pas, vous ?

— Je l'ai sue un peu.

— Eh bien ! faites celle-ci.

— Vous plaisantez.

— Je parie dix bouteilles que vous ne la faites pas.

— Voyons, Monsieur, je suis un homme sérieux. J'ai mes petites habitudes, et vous m'avez fait attendre assez longtemps. Si vous vouliez bien...

— Régler mon petit compte, mironton mirontaine, acheva Ludovic sur un air connu.

Il alluma un cigare et, par mégarde, jeta l'allumette enflammée dans le panier du bureau.

— Que faites-vous donc ? Vous allez mettre le feu ! lui cria le contribuable en lui montrant les papiers qui commençaient à brûler.

« Tiens ! le feu ! Au fait, c'est une idée, » se dit Ludovic, et il saisit au collet le père Rondelin, qui se précipitait pour éteindre l'incendie.

— Laissez-moi donc ! qu'est-ce qu'il lui prend ? Au feu ! au feu ! criait l'autre d'une voix étouffée.

Plus il criait, plus il se débattait, plus Ludovic l'étreignait, et cependant les chiffons brûlaient.

La gouvernante, attirée par le bruit, vit le panier en flammes, s'élança dans le corridor, ouvrit la porte de la rue et cria : « Au feu ! » de toute la force de ses poumons.

Quelques voisins accoururent, d'autres allèrent sonner la cloche d'alarme et les pompiers arrivèrent quand tout était fini. Il avait suffi d'un seau d'eau pour éteindre l'incendie. Ludovic se croyait sauvé.

Lorsque la foule se fut un peu écoulée, le père Rondelin s'approcha de lui, le chapeau à la main :

— Monsieur le percepteur, dit-il, si vous vouliez bien régler mon petit compte ?

— Allez au diable ! s'écria Ludovic furieux.

— C'est que, voyez-vous, j'ai mes petites habitudes, et...

Ludovic le prit à part, le regarda dans les deux yeux et lui dit :

— Vous allez me laisser tranquille, n'est-ce pas ? Et ne revenez que dans huit jours, sinon je vous dénonce comme incendiaire.

Le père Rondelin se le tint pour dit et se retira. Le soir, il raconta à l'estaminet que le nouveau percepteur était un bon garçon, mais qu'il avait « un coup d'aile ; » à preuve que sans lui, Rondelin, il aurait incendié son bureau.

Ludovic, de son côté, affirma que c'était l'imprudence du père Rondelin qui avait mis le feu. Les gens de Saint-Amand n'ont jamais bien su à quoi s'en tenir.

VIII

Le soir même, Ludovic emprunta, pour l'aider, le troisième clerc d'un notaire de l'endroit ; il eut soin de s'assurer d'abord que son scribe savait à fond les quatre règles. Le lendemain, il se rendit sournoisement à Valenciennes et y fit emplette d'un petit traité d'arithmétique. Il s'enferma pour le méditer et, au bout de huit jours, il sortit de sa retraite ferré sur la division.

Ludovic passa quatre années à Saint-Amand. Il n'y fonda ni un musée, ni une académie de dessin, mais dans la bonne atmosphère flamande, il calma son imagination et mit un frein à sa nature exubérante.

L'amour de son art le rappela plus tard à Paris, où il reprit définitivement ses pinceaux. Je l'ai rencontré ces jours derniers et c'est lui-même qui m'a conté cette histoire, en me permettant de vous la redire.

ALIDOR CABANAL

Alidor Cabanal

I

u-dessous du bohême qui vit sur une feuille de chou, au-dessous du rédacteur du *Journal des Brasseurs*, au-dessous de l'imprimeur qui rédige lui-même sa gazette avec une paire de ciseaux, on rencontre l'infiniment petit de la presse, le correspondant du journal de l'arrondissement. Le bohême le méprise, et il a tort : il ne faut mépriser personne. *Maximus in minimis Deus.*

Prenez un microscope et observez les mœurs de ce ciron littéraire ; vous verrez que, dans son milieu, il opère un travail et acquiert une importance aussi considérable que les grosses mouches, abeilles ou frelons, qui bourdonnent dans la ruche parisienne.

II

Alidor Cabanal, clerc de notaire à Merville, cultive la muse à huis clos, bien qu'il ne soit pas bachelier ès-lettres.

Un soir, il a lu les *Harmonies* de Lamartine : l'inspiration l'a saisi, et il a donné le jour à une pièce de vers intitulée : *Stances à l'Éternité*. Le moyen de laisser un pareil chef-d'œuvre sous le boisseau.

Il se décide à prendre un abonnement à l'*Éclaireur universel*, journal de son arrondissement, et par la même occasion il lui envoie le fruit de son génie. L'*Éclaireur* paraît trois fois la semaine; encore quarante-huit heures, et il arrivera. Alidor compte les minutes.

Enfin le fameux jour a lui. On sonne : c'est le facteur. Le poëte déchire la bande en tremblant; il parcourt les colonnes et pâlit. Ses vers n'y sont pas !

III

En même temps que le journal, le facteur lui a apporté une lettre timbrée d'Hazebrouck. Le rédacteur en chef lui annonce qu'il aurait été heureux d'insérer ses vers, s'ils ne manquaient d'actualité.

Mais sa poésie fait bien augurer de sa prose. C'est pourquoi il lui demande sa collaboration et offre en échange une réduction de moitié sur le prix de son abonnement. Il désire que sa plume enrichisse l'*Éclaireur* des faits-divers du canton de Merville.

Si le nouveau correspondant est actif et bien renseigné, dans quelque temps le journal lui sera servi gratuitement.

C'est une consolation : en prose ou en vers, qu'importe ? Cabanal aura le bonheur de se voir imprimé vif. Autre motif d'orgueil : sur l'enveloppe de la lettre on lit tout au long : *A Monsieur Alidor Cabanal, homme de lettres, à Merville.*

Homme de lettres ! Ces trois mots lui brûlent les yeux. Ils n'ont pas dû échapper aux regards clairvoyants de la directrice de la poste et du facteur, qui en parleront.

Homme de lettres ! Il laisse traîner cette enveloppe sur sa cheminée. Il en serre précieusement le contenu : c'est un autographe, le premier, et à lui adressé !

Dès ce moment, il part, la plume derrière l'oreille, pour la chasse aux faits-divers. Le gibier ne se fait pas trop quêter. Huit jours après, Cabanal débute dans l'*Éclaireur universel.*

Il eut un éblouissement quand il vit sa pensée imprimée et tirée à plus de trois cents exemplaires. Il éprouva en même temps son premier déboire dans la carrière littéraire : l'article était raccourci de moitié. Le malheureux avait dépensé quarante lignes pour raconter l'histoire « d'un chien infortuné qui s'était vu écraser la patte par une charrette. »

IV

Le soir, il se rend au *Café de Paris*. Le journal repose, bande intacte, à demi-caché sous un damier. Il le prend, l'ouvre négligemment, savoure sa prose et le rejette au beau milieu de la table.

Un vieil habitué le prend à son tour. Alidor le suit dans sa lecture sans le regarder ; il sent que le lecteur approche de la colonne rayonnante. Tout à coup la voix du vieil habitué l'interpelle ; son cœur bat, le rouge lui monte à la face.

— Dites donc, monsieur Cabanal, avez-vous lu : « On nous écrit de Merville... » ? Qui est-ce qui s'est avisé de raconter dans la gazette le malheur qui est arrivé au chien de madame Baroteau ? Nous avons donc un auteur à Merville ?

— Je... ne... sais... pas, balbutie Alidor d'une voix étranglée, et il ajoute à part lui : « Un auteur ! Il a dit : un auteur ! et cet animal de rédacteur qui ne met pas les noms des auteurs au bas de leurs œuvres ! »

V

Durant trois mois, c'est un déluge de faits-Merville. Accidents, vols, meurtres, incendies, bals, concerts, sérénades, tout est prétexte à la verve intarissable du nouveau correspondant.

Beaucoup d'articles ne paraissent qu'écourtés ; quelques-uns, jugés insignifiants, ne paraissent pas du tout. Rien ne décourage Alidor. Cependant il commence à y avoir du bruit dans Landerneau.

Cabanal a fait des demi-confidences à son ami

Trisoteau ; Trisoteau, sous le sceau du secret, a affirmé la chose à dix personnes. On lance des allusions à Alidor, et il se défend mal.

Quelquefois il entend dire à côté de lui : « Prends garde ! on te mettra dans la gazette ! » Et il a toutes les peines du monde à ne pas répondre à un clignement d'yeux significatif.

Tout à coup, le gibier devient rare. Plus d'accidents, plus de vols, plus d'incendies, pas la moindre petite affaire de police. Le correspondant est aux abois. Son rédacteur en chef se plaint ; il le menace de le casser aux gages et de le faire descendre au rang de simple abonné.

Cabanal se donne au diable : il tuerait son oncle pour payer sa dette au journal. Enfin, Trisoteau, une belle âme, vient à mourir. Il se console de sa perte : il prononcera un discours sur sa tombe et enverra à l'*Éclaireur* un article nécrologique.

VI

Mais la disette se fait toujours sentir. Un matin, Alidor se frappe le front : il n'a pas de nouvelles, parbleu ! il en inventera. Il a trouvé mieux que le serpent de mer du *Constitutionnel* : un esturgeon ! un magnifique esturgeon, long de deux mètres, qu'on pêche dans la Lys, aux portes même de Merville !

L'article a un succès fou : on s'arrache le journal, et il se rencontre des gens qui vont à la recherche du monstre marin.

Par malheur, la *Tribune sucrière d'Hazebrouck*, l'autre feuille de la sous-préfecture, n'a pas de correspondant à Merville. Jalouse du bonheur de son rival, elle guette depuis longtemps l'occasion de punir Cabanal de sa verve.

Trois jours après paraît dans ses colonnes un entrefilet où l'esturgeon de l'*Éclaireur* est qualifié d'affreux canard. Alidor relève le gant et démontre par $a + b$ que la pêche n'a rien de miraculeux. Le rédacteur en chef de la *Tribune*, un vieux routier qui sait les ficelles, se moque de lui et le pousse à se fâcher.

L'imprudent donne tête baissée dans le panneau : il envoie une réplique fulminante. Son rédacteur en chef s'effraie, et, pour mettre sa responsabilité à couvert, le force à signer.

Depuis longtemps, la correspondance d'Alidor n'est plus un mystère : il signe intrépidement. Toute la ville est dans l'attente. Que va-t-il se passer ?

Les esprits sont partagés en deux camps, et naturellement les ennemis de Cabanal sont en majorité. « Oser prétendre à briller dans le journal, lui, un simple clerc de notaire! Exposer ses concitoyens à devenir en sa personne la risée de l'arrondissement!...»

Le surlendemain, la *Tribune* clôt la polémique par quelques lignes où le pauvre diable est honni, berné et bafoué aux éclats de rire de toute la ville.

Pendant huit jours il n'ose se montrer. Ne le croyez pas mort pourtant. Peu à peu l'esturgeon tombe dans l'oubli, et on voit reparaître le bout de l'oreille, je veux dire de la plume d'Alidor. Que dis-je! Sa plume reparaît plus étincelante que jamais!

Comprenant que nulle puissance humaine ne saurait lui imposer silence, la *Tribune* se résout à lui faire sous main des propositions. Elle lui offre un abonnement gratuit, plus le remboursement des timbres-poste.

Alidor quitte l'*Éclaireur*, qui a eu des torts envers lui, et passe, avec armes et bagages, à la *Tribune*, qui a six cents abonnés.

VII

L'entrée de Cabanal à la *Tribune* équivaut à une réparation d'honneur. Volontiers il mettrait sur ses cartes de visite : *Alidor Cabanal, correspondant de la Tribune sucrière, journal industriel, commercial, agricole, littéraire et d'annonces de l'arrondissement d'Hazebrouck.*

Dès lors, en effet, son talent est consacré, et toute la jalousie des gens de Merville ne pourrait y mordre. Désormais il publiera impunément des articles qui commenceront par ces mots invariables : « Un déplorable accident est venu jeter la consternation... » et qui se termineront toujours ainsi : « Toute la ville en larmes a suivi le convoi de l'infortuné Bobinet. »

Sa gloire est quelquefois obscurcie par les coquilles de l'imprimeur, mais que d'agréments ! que de caresses pour son amour-propre !

Dans le monde, comme dans le journal, il parle et on l'écoute ; il blâme, il loue à tort et à travers, et ses jugements sont sans appel. On se retourne sur son passage, on le montre aux étrangers parmi les curiosités de la ville : « C'est M. Cabanal, celui qui écrit dans la gazette ! »

Il pose, il fait la roue, il a des mots, et quels mots ! Il parle latin dans la *Tribune* : il parlerait grec, n'était que l'imprimerie manque de caractères grecs. Le soir, au café, c'est toujours lui qui le premier trouve le mot de la charade ou du logogriphe anonyme qu'il a envoyé l'avant-veille à son ami le rédacteur.

VIII

Il rend compte des représentations que les troupes ambulantes donnent de temps en temps sur le théâtre de Merville. Il est très-bienveillant pour les acteurs et fort considéré du directeur, qui lui ouvre l'entrée des coulisses. Il passe pour avoir une intrigue avec la jeune première dont il a vanté, dans son journal, le talent et la beauté.

L'aurait-elle trompé, et n'est-ce pas pour s'en venger qu'il a écrit l'anecdote intitulée : *On ne meurt pas d'amour?* Lui-même il se fait directeur et dresse les jeunes gens de l'endroit à jouer la comédie. On dit tout bas qu'il va mettre à l'étude un vaudeville de son crû.

Un jour, un de ses faits-Merville est reproduit par le *Journal officiel*. Afin de stimuler son zèle, son rédacteur en chef lui a envoyé le numéro avec une invitation à dîner pour le dimanche suivant. Sa prose a paru dans un journal de Paris, dans le *Journal officiel!* Quel triomphe!

Le soir où il revient d'Hazebrouck, il se trouve si grand qu'en passant sous la voûte céleste, il baisserait volontiers la tête pour ne pas cogner du front les étoiles.

IX

Outre la gloire, il a conquis la puissance : il a cent oreilles et cent yeux toujours ouverts. Il voit tout, entend tout, sait tout et dit tout. Il dit même ce qu'il ne sait pas, et on le flatte pour qu'il ne dise pas tout ce qu'il sait. D'un mot il fait ou défait les réputations.

Ceux qui l'ont sifflé autrefois l'encensent aujourd'hui pour voir dans la gazette l'éloge funèbre d'un oncle, brasseur en retraite, ou pour n'y pas voir la condamnation à l'amende d'un cousin qui déshonore la famille en faisant du tapage nocturne.

La police et la gendarmerie sont à sa dévotion. Qu'il arrive un accident grave, un crime, oh ! les crimes ! il en est informé avant le parquet, et on vient le prévenir en même temps que le commissaire.

Il arrive le premier sur les lieux pour relever le corps. On lui détaille les moindres circonstances ; il promène partout un œil investigateur. Il éclaire la justice de ses lumières avant de lui tracer son rôle dans la *Tribune*.

Cabanal, d'ailleurs, est homme de progrès : trottoirs, éclairage au gaz, salle d'asile, la ville lui doit tout. Il s'en vante, et nul n'y contredit. Il fonde une conférence littéraire où l'on discute les œuvres des poètes du département, et en accepte la présidence.

Le journal le mène comme par la main aux honneurs publics. Il est nommé à l'unanimité secrétaire du comice agricole de l'endroit. Il parcourt les communes rurales du canton pour visiter les bêtes à cornes, et en remontre aux éleveurs, qui l'écoutent sans rire.

Il écrit un rapport sur un nouveau procédé de pisciculture trouvé par un pêcheur du voisinage. Un concours agricole a lieu à Merville. Le pêcheur obtient une mention honorable, et Cabanal une médaille d'or.

Au banquet, il répond au discours de M. le sous-préfet, et porte un toast à la décentralisation littéraire. Il rédige un compte-rendu de la cérémonie, si fort et si brillant, que la *Tribune* le sert en premier Hazebrouck à ses abonnés. Il a abordé l'article de fond : sa gloire est au comble !

X

Il continue ainsi trente ans : c'est alors que, hors d'âge et à bout de phrases, il passe correspondant émérite, et reçoit le journal sa vie durant, en récompense de ses bons et loyaux services.

A soixante-dix ans, il fume mélancoliquement au soleil, les deux mains dans les poches. Ses joues sont creusées par les luttes du journalisme et ses dents usées par la vieille habitude de la pipe. Sa figure est ornée d'une paire de longues moustaches d'un gris sale, souvenir de sa vie militante : c'est un vétéran de la presse, un invalide de la pensée.

Il a découpé tous ses articles dans les journaux et il les garde chez lui soigneusement collés sur les pages de volumineux albums recouverts en lustrine verte. Sur leur dos on lit ces mots tracés en gros caractère : *Mes œuvres complètes.*

Il a fait son testament, où il lègue ses œuvres complètes à ses concitoyens, qui les réimprimeront peut-être, quand il n'y sera plus.

XI

Du reste, il est aigri, morose, découragé et décourageant. Il passe en revue les hommes qui, à l'époque où il débutait à l'*Eclaireur*, se faisaient connaître dans la presse parisienne.

Chacun d'eux est devenu quelqu'un ou quelque chose : poète, romancier ou ministre. Lui seul a raté sa vie; aussi pourquoi est-il resté à Merville, quand il ne manquait à son génie qu'un plus grand théâtre?

Il a fait dans le temps deux voyages à Paris pour affaires, et on lui a montré quelques-uns de ses contemporains célèbres. Quand on en parle devant lui, il hausse les épaules et dit d'une voix chevrotante en branlant la tête :

— Guizot! je le connaissais : c'était un jésuite, il ne valait pas cher! Lamartine! je l'ai connu : c'était un intrigant, il est arrivé à tout! Moi, monsieur, j'ai toujours été de l'opposition : aussi le gouvernement ne m'a jamais rien donné. Nul n'a fait autant que moi pour le progrès des lumières, et je ne suis rien, monsieur, pas même conseiller municipal!

LA
TONNE D'OR

La Tonne d'or

I

L y a quelques années, parcourant le Borinage, j'arrivai, la veille de la Noël, dans la ville de Jemmapes, célèbre par la victoire que les Français y remportèrent sur les Autrichiens, le 6 novembre 1792.

J'eus bientôt visité la ville, qui n'offre rien de remarquable, et j'allai, à une demi-lieue de là, au village d'Hornu, voir un de mes vieux amis, directeur d'une mine de houille.

— Un sol noir et des maisons rouges, voilà tout ce que notre pays a de particulier, me dit mon ami; mais, si tu veux étudier les mœurs de nos mineurs, couche ici, et je te conduirai à l'*écrienne*, autrement dit à la veillée.

— J'accepte, répondis-je ; ce n'est pourtant pas la première fois que j'irai à l'écrienne, et je les connais de longue main, tes mineurs ; après quoi je me mis à fredonner, en tournant la manivelle d'un orgue absent :

> *Pauvre porion belge, à trois cents pieds sous terre,*
> *J'extrais le noir charbon qui doit sortir du puits.*

— Ta romance est absurde, répliqua mon ami. Le porion n'est point un simple ouvrier ; il n'est pas forcément belge ; les mines ont jusqu'à quinze cents pieds de profondeur ; tout le monde sait que le charbon est noir et, si on l'extrait, il est évident qu'il sortira du puits.

D'ailleurs, le mineur n'est pas à plaindre, et serait très-fâché qu'on le plaignît. La mine est pour lui une patrie souterraine où il descend avec plaisir. A peine les marmots courent-ils seuls qu'ils rêvent d'*aller au fond*.

J'en ai connu un que ses parents destinaient à la noble profession de coiffeur. Malgré les observations de la main paternelle, jamais le petit drôle n'a pu se décider à échanger le pic contre le rasoir.

— En ce cas, c'est là que verdoient les Champs-Élysées, et les anciens avaient raison.

— Non. Le labeur y est pénible et souvent périlleux. Nous n'avons ici que des *fosses à grisou*. Tu as appris au collége qu'on appelle feu grisou l'inflammation du gaz hydrogène carboné, et les journaux t'en ont souvent conté les terribles effets.

Pour que le gaz ne s'allume pas à la lumière que chaque ouvrier porte à son chapeau de cuir ou, comme ils disent en vieux français, à sa barrette, Davy a inventé, tu le sais, une lampe de sûreté qui est fermée à clef par le lampiste de la mine.

Malheur au *carbonnier* qui crochèterait sa lampe dans une galerie pleine de gaz! L'imprudent serait immédiatement enveloppé d'une atmosphère de feu.

— Et il n'y a vraiment aucun moyen d'échapper à la mort?

— Un seul! quand le grisou se déclare à quelque distance, on se jette la face contre terre. Le grisou, comme le simoun, a moins de prise à ras du sol. Si le gaz surabonde, la galerie éclate, et les ouvriers sont ensevelis sous les décombres.

— Peste! je comprends qu'il doit y avoir du charme à vivre là-dessous.

— Pourquoi non? Peut-être, en effet, est-ce le danger qui attire nos charbonniers et aiment-ils la fosse comme les marins aiment l'Océan. D'ailleurs, les mineurs ont avec les marins cette ressemblance que, vivant au milieu de périls continuels, ils sont braves, grossiers et superstitieux.

— Alors, nous aurons des légendes?
— As-tu jamais vu les Rois Mages?
— Et toi?
— Je te montrerai à l'écrienne un fermier qui les a vus.
— En peinture?
— En personne.
— C'est un fou?
— Je ne crois pas.
— Un mauvais plaisant?
— Pas davantage.
— Tu m'amuses.
— Il y a ici une ferme d'un aspect singulier, qui a été construite en partie avec l'ancien bâtiment d'une fosse abandonnée dont le *gauiau* est bouché. Avant l'invention de l'appareil Fontaine, grâce auquel on descend presque sans danger par la *bure* ou puits d'extraction, les ouvriers n'allaient au fond que par une ouverture garnie d'échelles qu'on appelait métaphoriquement le *gauiau*, le gosier.

A en croire les anciens porions, la bure de cette fosse est si profonde, que peu s'en faut qu'elle ne perce le globe d'outre en outre. On cite même un vieux mineur qui, en piquetant, a entendu ces propres mots prononcés par un antipode : « Femme, rentre ton linge, voilà qu'il pleut! »

Or, dans cette fosse, juste sous le cimetière du village, est cachée une tonne pleine d'or, à telles enseignes que la ferme porte encore le nom de la *Cense de la tonne d'or*.

L'endroit précis est marqué par trois petites croix taillées dans les solives qui soutiennent le ciel de la galerie. Toutefois, la tonne reste invisible, si on n'accomplit pas d'abord une formalité indispensable.

Il faut se rendre, pendant la nuit de Noël, à l'endroit désigné, là, réciter trois fois les Litanies des Saints, et, à minuit sonnant, au moment où naît l'enfant Jésus, donner un coup de pic dans le *coffrage*, ou, si tu l'aimes mieux, la paroi de la galerie. Guidé par une puissance invisible, le pic va de lui-même frapper la tonne.

Avant tout, il est nécessaire de montrer un cœur ferme et de ne pas s'embrouiller dans les noms des saints ; sans quoi on risque de se trouver nez à nez avec les Rois Mages, qui tous les ans, pour arriver plus vite, prennent la traverse et viennent par là adorer l'Enfant Divin.

Les Rois Mages, importunés de la rencontre, ouvrent leurs lampes, allument le grisou et font sauter le téméraire. Inutile de dire qu'eux-mêmes sont inexplosibles.

— C'est aujourd'hui la veille de la Noël. Si nous tentions l'expédition?

— Impossible, mon bon. La galerie où gît la tonne s'est écroulée il y a vingt ans.

— Parbleu ! Je m'attendais à quelque chose de semblable. Eh bien ! et ton fermier ?...

— Mon fermier a accompli l'expédition. En creusant une cave dans sa cour, il découvrit le gauiau de la fosse. C'est un homme vigoureux et hardi dont l'enfance a été bercée par cette histoire : il résolut d'en avoir le cœur net. Il se procura un costume de mineur avec les accessoires, et se mit à apprendre les Litanies des Saints.

La veille de la Noël, mon gaillard recommanda son âme à Dieu et descendit. L'opération n'était pas trop difficile, les échelles étant à peu près intactes.

Arrivé à la première couche de charbon, en langue de mineur au premier corps de la veine, il s'engagea dans les galeries et s'orienta si bien qu'à onze heures il se trouvait à l'endroit désigné. Il reconnut les trois petites croix...

La domestique vint prévenir que le souper était servi.

— Tu apprendras le reste tout à l'heure à l'écrienne, reprit mon ami. Mambour, c'est le nom de notre homme, te le dira, si tu es sage et si tu n'as pas l'air de te moquer des gens. Je te préviens qu'ils sont défiants et ne content pas leurs histoires à tout venant.

II

Après le souper, mon ami me conduisit à la maison d'un porion ou contre-maître chez qui avait lieu l'écrienne.

Dans une salle assez basse, une vingtaine d'individus des deux sexes étaient assis autour d'un grand feu de charbon de terre disposé avec une symétrie artistique. Un coup d'œil me suffit pour faire l'inventaire de la chambre, dont le feu me parut le détail le plus pittoresque.

A droite, sur le dressoir, des plats d'étain brillant comme des plats d'argent; à gauche, près de la cheminée, une horloge à caisse vitrée; le long des murs, quelques gravures représentant les batailles de l'Empereur Napoléon et l'histoire de Geneviève de Brabant; tout cela, jusqu'au carreau de la chambre, étincelant de propreté.

Sur le feu chantait un coquemar tenant lieu de cafetière; une lampe fumeuse, qu'on appelle un *crassé*, éclairait mal l'assemblée et dessinait les silhouettes sur la muraille blanchie à la chaux.

Les hommes, rasés de frais, étaient vêtus de blouses

de toile bleue et de pantalons de velours ; les vieilles femmes portaient de longs et étroits mantelets d'un drap léger appelé drap de zéphire.

Les jeunes filles, pour la plupart châtain clair et vermeilles, étaient parées d'un cotteron de calmande, d'un caraco de molleton, d'un mouchoir de coton et de fins sabots. On avait fait un brin de toilette pour aller à la messe de minuit.

Comme on manquait de chaises, quelques jeunes filles étaient assises sans façon sur les genoux de leurs amoureux. Ceux-ci fumaient dans de courtes *boraines*, un gros tabac fourni par leurs potagers, et dont l'âcre parfum me prit à la gorge.

Ma présence sembla d'abord gêner un peu ces braves gens ; mais nous les eûmes bientôt mis à leur aise. On m'offrit une tasse de café, qui me parut bien la plus abominable médecine que j'eusse avalée de ma vie ; puis on remit de l'eau dans le coquemar et le coquemar sur le feu. Cet opération se renouvela cinq ou six fois sans que j'aie jamais vu qu'on ajoutât autre chose qu'une pincée de chicorée.

Mambour n'était pas encore arrivé, mais on était sûr qu'il viendrait. En l'attendant, pour écarter tout soupçon, nous menâmes petit à petit la conversation sur le terrain du merveilleux. Mon ami achevait une épouvantable histoire de revenant, quand la porte s'ouvrit.

— Bonsoir la compagnie, fit une voix rude.

III

Les jeunes filles se serrèrent contre leurs amoureux, et mon ami me poussa du coude : Mambour venait d'entrer. Il s'assit devant le feu. La lampe donnait en plein sur sa figure, et je pus l'observer à mon aise.

Il avait l'air à la fois sombre et énergique ; l'œil habituellement voilé lançait parfois une flamme très-vive ; à d'autres moments, la prunelle se dilatait et le regard devenait fixe comme s'il avait assisté à un spectacle visible pour lui seul.

On me pria de conter une histoire. Je me fis le héros d'une aventure où le diable jouait un grand rôle, et je la narrai avec toute la naïveté dont je suis capable. La confiance de l'auditoire était gagnée, Mambour ne put résister longtemps à l'impression générale.

Sur ses lèvres erra d'abord un demi-sourire d'apparente incrédulité ; puis j'aperçus de l'intérêt dans ses yeux ; enfin sa figure s'alluma.

— Ainsi, monsieur, vous avez vu le diable ? me dit-il, quand j'eus terminé mon récit.

— Je n'oserais pas positivement l'affirmer, mais...

— Eh bien! moi, je puis jurer que j'ai vu...
Il s'interrompit.

— Achève, lui dit mon ami.

— Non. On m'a défendu de conter cette histoire, et d'ailleurs à quoi bon? vous ne me croirez pas, et tous, autant que nous sommes ici, nous mourrons sans jouir du trésor qui est là-dessous. Et il frappa le sol du pied avec une colère concentrée.

— Monsieur, dit mon ami en me désignant, est un des principaux actionnaires de la Compagnie. S'il le voulait bien, il pourrait peut-être faire reprendre les travaux de la fosse abandonnée, et on saurait à quoi s'en tenir.

Ce petit mensonge, auquel je ne m'attendais pas, fut d'un effet électrique. Tous les yeux étincelèrent.

— De quoi s'agit-il? demandai-je simplement.

Mon ami me conta en peu de mots ce que je savais déjà.

Mambour s'agitait sur sa chaise. Enfin, il ne put y tenir et prit la parole. Il s'exprima dans le patois wallon qui confine au rouchi et il le fit avec une pantomime si vive et si claire, que, quand je ne comprenais pas le mot, le geste me l'expliquait.

IV

— Oui, monsieur, dit-il, il y a aujourd'hui vingt ans, à pareille heure : on dirait que j'y suis encore. Vous sentez bien que, lorsque je découvris les trois petites croix, le sang me monta au cœur.

Tout le monde ici me connaît. On m'a surnommé Bras-d'Acier, et on sait que quatre hommes ne me feraient pas peur. Eh bien ! vous me croirez si vous voulez, quand je commençai à réciter les litanies, je tremblais comme une feuille.

J'allai pourtant jusqu'au bout et je recommençai. Je récitais tout haut, de peur de me tromper. Ma voix faisait un singulier bruit sous la voûte et, de temps en temps, il me semblait que quelqu'un me répondait.

Vers le milieu de la prière, je ne sais comment cela se fit — j'y apportais pourtant toute mon attention, — je m'embrouillai dans les saints, et je nommai saint Fiacre avant saint Cloud.

Je m'en avisai tout de suite, et j'allais me reprendre, quand tout à coup je vis paraître au bout de la galerie une lumière mince et pâle comme une étoile.

Malgré moi je m'arrêtai, les yeux grands ouverts. J'entendais mon cœur battre à coups pressés, et des gouttes de sueur grosses comme des pois me tombaient du front.

Bientôt j'aperçus deux lumières; puis il me sembla en voir trois, quatre, dix, vingt. J'essayai de m'enfuir. On aurait dit que mes pieds étaient morts.

Les lumières approchaient, et déjà je pouvais distinguer ceux qui les portaient. C'était une file de fantômes vêtus de grands manteaux blancs.

— Qui va là ? cria une voix qui avait l'air d'une voix de l'autre monde. Je voulus répondre; je ne pus tirer un son de mon gosier. Mes dents claquaient.

Les lumières approchaient toujours... je fis un dernier effort, et je parvins à déclouer mes pieds de la terre. Je me sauvai par une galerie latérale; j'avais comme un poids de cent livres à chaque pied.

Je tâchai de reprendre le chemin du gauiau; mais j'avais la tête si troublée, que je m'égarai dans les galeries. Une fois je me retournai en courant : les fantômes me poursuivaient. Je courais les mains en avant, comme un perdu, comme un fou !

J'ai dû faire ainsi plusieurs fois le tour de la veine, mais je ne m'en rendais pas compte. Enfin je tombai d'épuisement, et restai quelque temps évanoui. Quand je revins à moi, je tournai la tête et ne vis plus les maudites lumières.

Je vous l'ai dit : je ne suis pas poltron. Je ras-

La Tonne d'or

semblai mes idées, et je réussis à remettre un peu d'ordre dans ma cervelle. Je réfléchis que, puisque les Rois Mages s'étaient contentés de me poursuivre sans faire éclater le grisou, c'est qu'apparemment ils n'étaient pas si méchants qu'on voulait bien le dire.

En ce moment, il me sembla que j'entendais du bruit dans la galerie voisine. Je prêtai l'oreille et je distinguai des voix. J'étais tout à fait remis de ma frayeur. Je cachai ma lampe sous ma veste, et je m'avançai à pas de loup jusqu'à l'angle formé par les galeries.

Les Rois Mages n'étaient plus que deux. Ils causaient assis, juste à l'endroit où gisait la tonne. L'un d'eux se leva : il prit à terre le pic que j'y avais laissé, prononça quelques mots que je ne pus comprendre, et donna en ricanant un coup dans le coffrage.

Le coffrage sonna creux. Le fantôme donna un second coup, le bois vola en éclats : j'entendis un cri. Il frappa une troisième fois, et je vis un flot de louis d'or ruisseler à la lueur des lampes comme un jet d'eau au soleil.

Je fus si ébloui que je ne réponds pas d'avoir bien distingué ce qui suivit. J'avais comme un brouillard lumineux devant les yeux, et il me semblait que je rêvais.

Je crus entendre deux voix qui se disputaient, et il me parut que l'un des fantômes renversait l'autre et levait le pic sur lui. Tout à coup il se fit un bruit pareil à un roulement de tonnerre, et la galerie s'écroula sous le feu grisou.

V

Je me jetai à plat ventre. Quand je me relevai, je ne vis autour de moi qu'un amas de décombres fumants. J'étais heureusement sain et sauf. Je parvins non sans peine à remonter au jour et je me mis au lit avec une fièvre de cheval. J'avais le délire et je racontais des choses qui effrayaient les gens. Je fus six semaines entre la vie et la mort.

Aussitôt que je pus me lever, j'allai tout confier au directeur de la fosse Bonaparte. Il me rit au nez et me dit que j'avais rêvé. J'insistai tant, qu'il fit descendre dans la fosse abandonnée : on trouva les décombres.

Le directeur m'accusa d'avoir fait sauter la galerie ; il parlait de m'envoyer en justice.

Enfin, il ordonna de fermer le gauiau et consentit à étouffer l'affaire, à la condition que je ne dirais mot de tout ceci à âme qui vive. Il prétendait que les charbonniers étaient empestés d'assez de contes sans qu'on leur en fabriquât de nouveaux.

Je me suis tu dix ans. Le directeur mourut, et je pus parler. D'ailleurs ce secret me mangeait le cœur. Il y a des gens qui me croient, car on voit bien que je ne suis pas fou ; il y en a d'autres qui se moquent de moi.

J'ai labouré vingt ans une terre sous laquelle je suis sûr qu'il existe des monceaux d'or. Oh ! monsieur, vous ne sauriez vous figurer combien cette idée a empoisonné ma vie !

Vous ne vous moquez pas de moi, vous, monsieur, et vous comprenez qu'il y a des choses qui dépassent la raison. Si vous le pouvez, qu'est-ce que cela vous coûte de faire reprendre les travaux de la fosse ? L'an prochain, à pareille heure, j'irai au fond et je renouvellerai la tentative. Si elle réussit, je vous abandonne le trésor, vous me donnerez ce que vous voudrez.

— Oui, oui, faites cela, monsieur, ajoutèrent en chœur les assistants. Vous serez le bienfaiteur du pays. Tout le pays vous bénira !...

La cloche sonna le troisième coup de la messe, et on se leva à regret pour répondre à son appel. Il eût été trop cruel d'avouer à ces braves gens que nous n'avions voulu que nous offrir le spectacle de leurs superstitions.

— Nous verrons, leur dis-je ; et nous prîmes congé de nos hôtes. Mambour essaya de nous suivre pour m'arracher une promesse formelle, mais mon ami lui fit comprendre qu'une plus longue insistance serait indiscrète.

VI

— Qu'en dis-tu ? me demanda mon ami quand nous fûmes seuls.

— Je dis que c'est bien singulier. Cet homme n'a pas l'air d'un fou, mais il a pu être le jouet d'une hallucination.

— Ou d'une mystification.

— D'accord. Pourtant, dans cette hypothèse, comment expliquer les pièces d'or et l'écroulement de la galerie ?

— Voici une explication que je tiens d'un vieux caissier de la fosse Bonaparte ; je te la donne pour ce qu'elle vaut. D'abord les Rois Mages seraient tout simplement deux mineurs de ladite fosse. Ayant eu vent, car tout se sait au village, que Mambour devait descendre à la recherche de la tonne d'or, ils auront comploté de lui jouer un tour de leur façon.

La fosse Bonaparte communique avec la mine abandonnée au moyen d'un passage inconnu aux ouvriers. Il peut se faire qu'ils aient trouvé ce passage, et c'est par là qu'ils seront venus. Mon caissier ajoute qu'à cette époque deux mineurs disparurent en effet sans qu'on ait jamais eu de leurs nouvelles.

Rien n'empêche qu'ils aient par hasard découvert le trésor et se soient pris de querelle pour savoir qui le posséderait. Le coup de pic, en brisant la lampe de l'un d'eux, aura déterminé le grisou.

— La tonne d'or existe donc ?

— Non, mais il peut y avoir trois ou quatre petits barils pleins d'or. On conte, toujours dans cette version, que, lors de la bataille de Jemmapes, les Autrichiens ont perdu dans la déroute une prolonge contenant la caisse de l'armée.

Cette prolonge fut trouvée par un des fermiers qui ont précédé Mambour dans sa ferme. Il connaissait le gauiau de la fosse, il y cacha son trésor.

C'était un homme avare : il mourut subitement sans avoir pu révéler son secret ; quelque chose pourtant en a transpiré. C'est sur ce fond que l'imagination des mineurs a brodé la légende de la tonne d'or.

— Mais en ce cas...

— En ce cas, mon cher ami, il est une heure du matin : allons nous coucher. Il y a sûrement une tonne d'or en chaque mine de houille, mais c'est dans la caisse de la Compagnie qu'il faut la chercher.

HISTOIRE D'UN FOU

Histoire d'un Fou

l s'appelait *Lejuste*, sans doute d'un surnom donné à quelqu'un de ses ancêtres. L'aïeul était un juste, lui fut un martyr. Il était né à Fresnes, canton de Condé, arrondissement de Valenciennes. Je l'ai connu : il sortait du collége quand j'y entrais.

C'était un grand garçon, et j'étais un enfant ; mais je me rappelle encore sa figure pâle et son petit paletot gris, sous lequel il grelottait l'hiver. Il savait, pour toute science, l'orthographe, le calcul et un peu de géométrie.

Comme on lui trouvait des idées singulières et qu'il avait toujours l'air de ruminer quelque chose, au lieu de Lejuste, les gens du pays l'appelaient *le fou*.

Il quitta Fresnes et alla s'établir à Douai. Les uns disaient qu'il s'était fait arpenteur-géomètre; d'autres, architecte : la vérité est qu'il y recommençait dans la vie réelle le Balthasar Claez de Balzac. On ne le vit plus que de loin en loin : il n'était pas changé, et on continuait à l'appeler *le fou*.

Un jour, on apprit qu'il était devenu auteur et avait publié un livre : cela fit beaucoup rire. Ce livre traitait de matières spéciales, d'arpentage ou d'architecture, je ne saurais dire exactement.

Tout à coup, les grands journaux de Paris retentirent du nom de Lejuste. Il venait d'inventer des *appareils natatoires insubmersibles et inchavirables*. On prônait sa découverte, on en développait longuement les avantages.

Les nouveaux appareils étaient excellents pour le sauvetage des marins ; ils pouvaient dispenser les armées en marche de jeter des ponts sur les rivières. Ils étaient simples, légers, faciles à revêtir, commodes à porter, ils permettaient à des régiments entiers de manœuvrer sur l'eau comme en plaine.

Une commission militaire les avait expérimentés dans la Seine et le rapport était des plus favorables. Un illustre maréchal recommandait, par une lettre, l'inventeur et l'invention au ministère de la guerre.

L'admiration succéda à la moquerie. Lejuste allait être décoré, riche, célèbre. Le fou passait grand homme.

On attendit quelque temps, rien ne vint. L'affaire Lejuste était tombée dans les cartons, les oubliettes des bureaux.

Cependant, les pays voisins commençaient à s'en occuper. La Belgique appelait Lejuste. En présence d'une commission spéciale, il faisait dans l'Escaut des expériences tout à fait convaincantes. Il entrait en pourparlers avec le gouvernement belge, puis avec le gouvernement hollandais pour la vente de son brevet.

De nombreuses commandes d'appareils lui arrivaient de partout : des villes d'eaux, des ports de mer, des sociétés de sauvetage, etc. Pour satisfaire à ces demandes, il fallait des avances, un petit capital.

Lejuste le réclamait de ses concitoyens ; il offrait de les intéresser à son entreprise : on recommençait à le trouver ridicule ; on le trouvait même un peu intrigant.

Mais voici que tout à coup l'Angleterre s'inquiète de vérifier l'invention, l'Angleterre, la terre promise des inventeurs ! Lejuste se crut sauvé.

Muni de ses appareils, il se rend en Angleterre.

Devant une commission militaire, présidée par un colonel du génie, des expériences ont lieu à Chatam. La Medway est traversée en quelques minutes contre le courant et la marée, un peu au-dessus de son embouchure, dans l'estuaire de la Tamise.

Le rapport est excellent, et cette fois l'inventeur ne doute pas du succès ; le gouvernement anglais va lui acheter son brevet.

Il était temps : les démarches, les voyages, les expériences avaient épuisé ses dernières ressources...

Au bout de deux mois, sur ses demandes réitérées, une réponse évasive lui parvint. Ce fut un coup de foudre. Lejuste se mit au lit avec le délire et ne recouvra la raison que l'avant-veille de sa mort.

Il mourut en demandant pardon à sa femme et à ses enfants. Il était âgé de trente-neuf ans !

LES FAITS ET GESTES

DE

MLLE FRANÇOISE.

Les Faits et Gestes de Mlle Françoise

I

L y a une quinzaine d'années, comme je flânais dans le bois de Bonsecours, je trouvai un petit carnet au pied d'un arbre. Il contenait des notes écrites le plus souvent au crayon, et que j'eus quelque peine à déchiffrer : c'était le journal intime des impressions de l'amour paternel sur une âme jeune et honnête. Du reste, aucune adresse, aucune indication qui me permît de renvoyer l'objet perdu à son propriétaire.

J'espère qu'on ne m'accusera pas d'indiscrétion, si je publie aujourd'hui ces notes. Les voici textuellement :

II

. . . .
. . . .

1er *mars* 1859. — Ma nouvelle a plu aux lecteurs. C'est peu de chose ; mais le directeur m'a engagé à écrire un roman pour sa Revue.

2 *mars*. — Un bonheur ne vient jamais seul. Hier, ma femme, qui déteste le vin de Champagne, en a demandé au dessert. Elle en a bu quatre grands verres avec une avidité qui m'a fait sourire et qui la rendait honteuse. Serait-ce un premier signe de grossesse ?

18 *mars*. — Mathilde est enceinte. Nous allons donc avoir un pauvre petit être qui sera tout à nous, et qui tiendra tout de nous. Comme nous l'aimerons !

15 *avril*. — Sera-ce un garçon ou une fille ? Mathilde voudrait une fille, je préfère un garçon.

20 *avril*. — Comment l'appellerons-nous ? j'ai

horreur des noms romanesques ou prétentieux. Dire qu'il y a des gens qui se nomment Myrtil ou Charlemagne ! Je plains leurs parrains ! Mon fils s'appellera François. C'est un nom simple et qui a été bien porté au « plaisant pays de France. »

18 mai. — Mathilde souffre beaucoup. S'il faut en croire les bonnes femmes, c'est un signe que j'aurai une fille. J'en serais désolé : je déteste les petites filles.

Malicieuses et coquettes dès six ans, elles ont tous les défauts des femmes et ne savent pas encore les dissimuler. On croit que la poupée leur enseigne l'amour maternel, elle ne leur apprend que l'amour de la parure. Leur poupée n'est pas un bébé, c'est une belle dame.

D'ailleurs, les femmes sont un fardeau dans notre société : filles, il leur faut des dots ; femmes, des toilettes, etc. Décidément, je ne veux pas d'une fille.

19 mai. — Cette pensée est mauvaise. Je ne l'efface point, — pour me punir de l'avoir eue. Est-ce donc par égoïsme que je déteste les filles ? Je mériterais que les bonnes femmes eussent raison. — Bah ! j'aurai un garçon franc, tapageur et intelligent... intelligent surtout ; j'y tiens.

17 juin. — Promenade à la fête de Fresnes. La

soirée est superbe. L'orchestre du bal nous envoie par intervalles des bouffées de notes éclatantes. Mathilde me serre le bras :

— Françoise vient de remuer.

— C'est qu'elle aime la musique. Nous en ferons une grande danseuse.

Ma femme est scandalisée. Pourquoi diable aussi s'obstine-t-elle à le nommer Françoise ?

. . . .
. . . .

7 août. — Madame nourrira-t-elle son enfant ? nous a demandé hier notre ami le docteur C. D'un accord tacite, nous avions jusqu'alors évité, Mathilde et moi, de nous poser la question : chacun redoutait d'instinct la réponse de l'autre. Ma femme prit résolûment son parti.

— N'est-ce pas, docteur, que je suis assez forte pour nourrir ma fille ?

— Comment donc, madame, mais...

Et le docteur, avec sa vieille expérience, nous énuméra tous les ennuis de la maternité. Plus de visites, plus de soirées, plus de spectacles, plus de bals ; en échange, les couches, les langes, tout l'attirail de la nourrice ; les fatigues, les peines, les veilles, les cris de l'enfant qui empêcheront son père de travailler, etc., etc.

Notre ami ajouta qu'il avait sous la main une

excellente nourrice, brune, saine, vigoureuse. Mathilde se taisait. Je reconduisis le docteur, à peu près convaincu qu'il avait raison. En rentrant, je trouvai ma femme le front dans ses mains.

— Qu'as-tu ? lui dis-je.

Elle releva la tête. Deux ruisseaux de larmes coulaient silencieusement le long de ses joues. Je la serrai dans mes bras.

— Advienne que pourra, tu nourriras l'enfant. C'est à faire aux Parisiens de mettre leurs petits en nourrice.

Je n'oublierai jamais le regard avec lequel elle me remercia.

20 septembre. — Mathilde va beaucoup mieux. La fin de sa grossesse est moins pénible. Pourvu que l'accouchement ne soit pas trop laborieux ! Il y a tant d'exemples de femmes mortes des suites de couches !

2 novembre. — J'ai une fille ?... Je ne puis me rendre compte de ce que j'éprouve, et ne sais si je suis heureux ou affligé. Tout s'est passé à merveille. Le travail n'a duré que trois heures, mais l'enfant est restée asphyxiée durant dix minutes, dix siècles ! Enfin elle a poussé un cri, et j'ai étouffé un sanglot. Se peut-il que j'aime déjà ce petit être !

3 novembre. — C'était hier le jour des morts. Il

faut avouer que Françoise a singulièrement choisi son jour de naissance. Françoise !... c'est ainsi qu'on l'appelle. Sa mère le veut absolument et, dans l'état où elle est, on ne peut rien lui refuser.

Je sais bien que mon fils devait s'appeler François, mais « François » était simple sans être vulgaire, tandis que « Françoise !... » Pourquoi pas Victoire ?... La future marraine se nomme Hortense et c'est une femme d'esprit. Espérons qu'elle ne laissera pas affubler sa filleule d'un nom si commun et si ridicule !

4 novembre. — Je n'avais jamais vu de nouveau-né. Tête pointue, nez épaté, bouche grande, yeux clos, teint rouge, Dieu ! que c'est laid ! Si Françoise allait rester ce jeune monstre ! Après le tort de naître fille, il ne lui manquait plus que celui d'être affreuse... et de porter un nom de cuisinière !

25 novembre. — Décidément, le docteur avait raison. Je ne connais rien d'agaçant comme une enfant qui geint toute la journée. Le directeur m'a demandé des nouvelles de mon roman. Je ne puis parvenir à arrêter un plan. Oh ! la solitude !

. . . .
. . . .

13 décembre. — Je n'ose dire que Françoise embellit ; mais je la trouve moins laide. Je n'éprouve pourtant pas une grande tendresse pour ce petit animal qui n'a que des besoins physiques, et qui pousse des cris d'impatience et de colère, quand on ne les satisfait pas sur-le-champ. J'admire sa mère qui le couvre de baisers.

20 janvier 1860. — Françoise m'a souri ! C'était un sourire si pâle et si triste ! Elle avait l'air de me reprocher de ne pas l'aimer. Oh ! si, va, je t'aime, chère enfant de mon cœur !

4 février. — Françoise pleure moins souvent. Son nez s'effile, sa bouche diminue, ses yeux s'agrandissent, sa tête s'arrondit, son teint s'éclaire. Elle a les extrémités fines et élégantes, et elle paraît délicate, ce qui ne l'empêche pas d'être charpentée comme un drame de Bouchardy.

28 mars. — Papa ! Elle a dit papa ! Sa mère est jalouse et lui répète « maman » toute la journée. L'enfant s'obstine à répliquer « papa, papa, papa. »

2 avril. — L'enfant ne souffle plus mot. Le docteur prétend même que le « papa » de l'autre jour n'était dû qu'à un mouvement machinal des lèvres, mais les médecins sont tous d'affreux matérialistes qui ne croient à rien.

5 avril. — Est-elle gentille et curieuse! Au moindre bruit insolite, elle se lève à force de reins dans son berceau pour voir ce qui se passe autour d'elle.

12 avril. — Je suis sûr qu'elle aura de l'esprit. Quand on l'appelle, elle vous regarde du coin de l'œil sous ses longs cils, puis elle sourit. Ce regard et ce sourire ont une finesse!

14 avril. — J'avais tort!... C'est décidément un joli nom que Françoise! Et comme il a été bien porté! Nous avons d'abord sainte Françoise, qui fut, au quinzième siècle, le modèle des épouses et des mères; puis la bienheureuse Françoise d'Amboise, qui vécut avec son époux dans une continence parfaite; Françoise de Chantal, la grand'mère canonisée de madame de Sévigné; Françoise de Rimini... celle-là, par exemple!...

16 avril. — A vingt ans, je pensais jour et nuit à ma maîtresse. Si on m'avait dit qu'à trente, quand je passerais la journée dehors, j'aurais hâte de rentrer pour embrasser une petite fille de six mois!

20 avril. — L'enfant me reconnaît et bat des mains à mon approche. Elle se détourne encore quand je veux l'embrasser, mais c'est l'effet de ma barbe qui pique sa peau si douce, et puis je l'embrasse si fort!

25 avril. — Cher ange ! Quelle nuit elle nous a fait passer ! En revenant du théâtre, je trouve la mère levée et l'enfant sur ses genoux. La pauvre petite était livide. Les yeux blancs, la bouche serrée, les narines ouvertes, les mains crispées, la poitrine haletante, elle se tordait dans une horrible convulsion. Je sentais mon cœur s'en aller avec sa vie. Enfin, au bout d'un quart d'heure, elle soupira et put crier ; l'enfant était sauvée. Nous n'en fûmes pas moins sur pied toute la nuit.

Singulière puissance de l'amour paternel ! Je ne connais ce petit être que depuis six mois, et il me semble que je l'ai toujours possédé, et que tout me manquerait, si je venais à le perdre.

. . . .
. . . .

2 mai. — Françoise a une dent, une gentille perle blanche qui a percé sa gencive rose. Il est d'usage à la première dent de faire un cadeau à la nourrice. Je lui ai donné une voiture pour son nourrisson.

22 juillet. — Hier, Françoise a pris mon binocle et, au lieu de le porter comme jadis à sa bouche, elle me l'a mis sur les yeux. C'est de l'observation ou je ne m'y connais pas.

8 août. — Chose étonnante ! ma fille a fait huit dents en dix jours. Aussi ses couleurs roses ont disparu, sa chair si ferme s'est amollie : l'enfant a fondu de moitié. Elle tousse beaucoup, et il semble quelquefois que les quintes durent plus d'une minute.

Quand elle a fini de tousser, elle nous regarde et sourit. Elle a un si bon sourire ! Oh ! ce pauvre laideron ! comme je l'aime !

. . . .
. . . .

4 septembre. — Mon roman est reçu. J'ai pris l'amour paternel pour fond de mon sujet, et j'y ai mis tout mon cœur. « On voit que vous êtes père, » m'écrit le directeur.

14 septembre. — Mademoiselle Françoise n'aime pas qu'on la déshabille. Ce sont des cris, des trépignements, une véritable colère d'oiseau-mouche. Pour l'occuper, on lui donne un de ses souliers en guise de jouet. Sa mère alors lui tend la manche de sa blouse de nuit et l'invite à y fourrer son petit bras.

Françoise, qui ne veut pas lâcher son soulier, se rejette d'abord en arrière, puis elle se décide, passe son soulier dans l'autre main, fourre son bras et crie du haut de sa tête. Rien n'est plus drôle.

20 *septembre*. — Hier, j'assistais au coucher de mademoiselle. Je la pris, vêtue seulement de sa brassière, et la posai debout sur le tapis. Sa mère lui tendait les bras en l'appelant. L'enfant hésita, puis s'élança bravement dans le vide, les mains en avant. Elle fit trois pas en chancelant et alla tomber dans les bras de sa mère.

25 *septembre*. — Ma femme va se promener avec Françoise. En rentrant, elle me conte les succès de sa fille. « O le joli bébé ! Quelle charmante enfant ! » Voilà les exclamations qu'elle recueille le long du chemin. Je ne puis m'empêcher de remarquer tout haut qu'il entre beaucoup d'amour-propre dans son amour maternel. Mathilde fait sa moue et m'accuse de ne pas aimer sa fille.

1er *octobre*. — J'ai accompagné ma femme à la promenade. L'enfant est ravissante sous sa capeline rose. Elle glisse des bras de sa bonne pour marcher dans le sable.

Quel délicieux petit diable ! Aussitôt qu'elle aperçoit un garçon de deux ou trois ans, tenant une balle ou un gâteau, elle s'en approche sournoisement et le lui happe au passage. Le bambin la regarde bouche béante et se prend à pleurer.

8 *octobre*. — Tous les matins elle est éveillée la

première. Elle met le nez hors de son berceau et regarde si les voisins dorment encore. Sitôt qu'on remue, elle commence son gazouillis. Avec quelle impatience j'attends le moment où elle parlera ! Quel plaisir de lui entendre bégayer ses jeunes idées !

. . . .
. . . .

III

Là se termine le journal des faits et gestes de mademoiselle Françoise. A l'époque où je trouvai le petit carnet, chaque fois que j'apercevais une jolie enfant dans les bras de sa bonne, je la regardais curieusement, mais hélas ! je n'en vis jamais qui ressemblât à l'incomparable Françoise.

LE

CARNAVAL FLAMAND

Le Carnaval flamand

I

EUX-TU, ami lecteur, que je te raconte ce qu'était jadis le carnaval à Condé-sur-l'Escaut, et comme quoi de son souvenir est née la *Promenade des Fantoches*, une de ces marches flamandes qui rappellent les *Triomphes* dont Laurent de Médicis amusait les yeux des Florentins ? Tu verras par ce récit comment les mœurs se sont transformées et pourquoi...

Mais je commence.

Ceci se passait en 1856. A cette époque, le carnaval n'existait plus à Condé qu'à l'état de regret. Cette année-là, il menaçait d'être particulièrement triste. Dans la journée du premier dimanche, pour toute mascarade, on avait vu défiler quatre pierrots mélancoliques.

Le soir, il y avait foule au grand café Carillon, mais la foule était calme et ennuyée. Les wiseux de la Capelette (les oisifs du carrefour de la Capelette) faisaient tranquillement leur partie de cartes, quand Tuné se mit tout à coup à fredonner :

> *Jean Boudin,*
> *Il est mort,*
> *Il est mort ;*
> *Jean Boudin,*
> *Il est mort*
> *Au matin !*

Comme le premier et pâle rayon de l'aurore éveille une nichée d'oiseaux, ce refrain aux notes plaintives rappela chez les joueurs la foule des joyeux souvenirs. C'est que, vingt ans auparavant, grâce à Jean Boudin, le carnaval était bien gai à Condé, — si bien que, pour les gens de Condé, Jean Boudin, c'était le carnaval fait homme.

Jean Boudin, dont j'ai oublié le vrai nom, était un riche baqueteux ou charpentier de bateaux qui aimait à rire comme on ne rit plus de nos jours.

Pourquoi on le surnomma Jean Boudin, c'est ce que nul n'a jamais su au juste. Est-ce du nom d'un bouffon allemand ou parce qu'en effet il avait un faible pour le boudin, ou encore parce que, gros et court, il eût été rangé par le titi parisien dans la catégorie des « saucissons à pattes ? »

Il occupait, au carrefour de la Capelette, la maison jadis habitée par le curé fantaisiste qui, si l'on en croit mademoiselle Clairon, baptisa la future comédienne en plein bal masqué, et il était digne d'y succéder à cet aimable abbé.

Il le prouva en rendant au carnaval l'irrésistible entrain qu'il avait cent ans auparavant, à l'époque où venait en ce monde l'illustre bâtarde du sergent Le Ris et de la couturière Marie-Claire Scanapiecq.

Comme la partie de cartes finissait au moment où Tuné fredonnait sa chanson, quelques-uns des jeunes gens qui fumaient leur pipe auprès de lui, le prièrent de leur raconter les prouesses de Jean Boudin. Tuné s'y prêta de bonne grâce, et voici le tableau que, par la même occasion, il leur fit de l'ancien carnaval.

II

Le mardi gras, dès le matin, on voyait arriver par les quatre portes de la ville tous les guisterneux ou ménétriers des villages voisins. Violons, clarinettes, flûtes et cornets à piston se dirigeaient mystérieusement vers une guinguette du faubourg Saint-Roch où était le rendez-vous de la mascarade.

Jean Boudin, escorté de son état-major, Nanasse, Tuné, Carillon, Rousseli, Polydore, recevait les musiciens altérés, un broc de bière d'une main, une pinte de l'autre.

La première soif enfin calmée, on procédait à l'élection d'un chef commun qui accordait tant bien que mal violons fêlés et clarinettes enrhumées.

Ce n'est pas tout : les musiciens jouant de mémoire, chaque village avait ses morceaux favoris et ignorait ceux du village voisin.

Le chef choisissait les valses, menuets ou quadrilles que recommandait un air de famille, et en fabriquait un pot-pourri qui mettait en fureur les frères Coniche, les guisterneux de Condé.

Des artistes pour de bon, ceux-là; aussi faisaient-ils bande à part. Le premier était bossu et jouait de la clarinette ; le second, manchot ; il jouait du cornet à piston ; le troisième, bancal ; il jouait de la flûte ; le quatrième, qui jouait du violon, était gognat, c'est-à-dire berlou... pardon, j'ai voulu dire qu'il louchait horriblement. Ainsi accommodés, les frères Coniche n'avaient pas leurs pareils pour faire danser et on venait les quérir de dix lieues à la ronde.

En ce temps-là, les bateliers appartenant à « la marine » de Condé recommencèrent, comme par le passé, à « raccourir » de Lille, Douai, Cambrai, Dunkerque, Gand, Anvers, Ostende, pour « faire carnaval » au pays.

De même, tous les villageois des environs arrivaient avec leurs femmes et leurs petits. Ils s'entassaient dans les cabarets et se coudoyaient par les rues. C'est à travers cette cohue que la bande de Jean Boudin devait se frayer un passage.

III

Vers trois heures on entendait un grand bruit et la mascarade apparaissait, composée de plus de cent personnes. Un peloton de saboteurs, ou, pour mieux dire, de chaboteux, la précédait.

Les chaboteux, afin que nul n'en ignore, étaient coiffés d'un immense bonnet conique, chaussés de gros sabots et vêtus de vestes et de pantalons de toile bourrés de foin. D'énormes balais, emmanchés de longues perches, leur servaient à refouler les curieux à droite et à gauche.

Le rôle de chaboteux était un rôle de confiance qui ne se donnait pas au premier venu. Quand ils tombaient de fatigue, les chaboteux se couchaient sur le dos : les bringands s'attelaient aux deux bouts du manche à balai et les traînaient par les ruisseaux.

Venait ensuite la Musique déguisée en grotesques: des gilles voltigeaient autour d'elle et enfarinaient les indiscrets de la tête aux pieds. Une noce villageoise, « la noce à Mathurin », suivait en dansant un menuet; des arlequins l'escortaient en forçant à grands coups de batte les récalcitrants à crier : « Vive mariage ! » Puis une troupe de caramaras ou masques de toute espèce se répandaient çà et là en désordre.

IV

Des nourrices allaitant des marmots de carton, offraient leurs services aux époux stériles ; des pêqueux ou pêcheurs, couverts d'écailles vertes et blanches, faisaient danser leurs hameçons sur le nez des gamins qui, pour un petit sou, sautaient comme des ablettes; d'autres prenaient dans leurs filets les messieurs trop bien mis qui se pavanaient sous le balcon des dames ; des cacheux ou chasseurs, armés d'un fusil déculassé, soufflaient du son à la face des nicodèmes.

Des marchands de gaufres dressaient des échelles contre les façades des maisons, et clouaient leur marchandise aux enseignes. Aussitôt, petits et grands de se hisser sur les appuis des fenêtres, et de se battre à qui attraperait le lopin. La gaufre restait au plus adroit, non sans quelque volet brisé, carreau cassé, blouse déchirée ou œil poché. Ah ! c'était bien amusant!

Mais des faiseurs de crêpes, autrement dit d'aliettes, des étameurs de casseroles, des bateleurs, des montreurs d'ours ont rassemblé la foule autour d'eux. Sous un immense parapluie rouge, un chanteur ambulant, vêtu en Jean Potage, entame une *pasquille* patoise du Lillois Brûle-Maison, le dernier des trouvères.

Pendant qu'il occupe l'auditoire, un Condéen bien connu qui l'écoute, son épouse au bras, se sent appliquer quelque chose sur le dos. Il se retourne et en reçoit autant sur la figure. C'est un afficheur qui vient de coller sur le pilier vivant deux grandes affiches de couleur jaune, où se lit en gros caractère un petit mot de deux syllabes que je n'ose pas répéter.

V

Tout à coup, les cris : Place! place! font refluer la foule. Des scaramouches, armés de vessies, tiennent les curieux à distance. Voici venir, dans sa charrette précédée des frères Coniche, le grand, l'illustre, l'incomparable Jean Boudin.

Jean Boudin est malade; il est couché sur un matelas dans le simple appareil qui sied si bien aux héroïnes de tragédie. Pauvre Jean Boudin! Il a sans doute trop fêté le lundi gras. A en juger par ses gémissements et ses contorsions, il est en proie à des souffrances intolérables.

Le docteur ordonne qu'on arrête. Il lui tâte le pouls. Pendant que deux infirmiers le soulèvent, M. Grinedin, l'apothicaire, prépare un clystère émollient et détersif que goûte ensuite le docteur.

On met le patient en batterie, M. Grinedin vise... et le contenu de l'instrument tant redouté de M. de Pourceaugnac arrive en pleine face d'un niguedouille qui contemple la scène bouche béante.

Le cortége est fermé par une bande de bochus... je veux dire de longs polichinelles à chapeaux coniques, dont les gamins tirent les bosses en chantant à tue-tête la chanson de la *Codaqui*. Les bochus y répondent, sur un air espagnol, par l'antique refrain :

Tape sur mon ventre, y a pas d'eau,
Ah! caraco!

et jettent des chanteaux de pain à droite, à gauche et jusque dans les maisons.

VI

Cependant la nuit vient : alors s'élève un vacarme, un charivari, un branle-bas, un tohu-bohu épouvantable. La ville tout entière s'abandonne à une indescriptible bacchanale. Les bals, les cafés, les estaminets, les places, les rues, les carrefours regorgent de masques; il y en a de blancs, de noirs, de rouges, de jaunes, de grands, de petits, de jeunes et de vieux, des enfants de dix ans et des vieillards de soixante-dix : on ne peut faire un pas sans tomber dans une troupe de masques. L'un chante, l'autre crie; celui-ci miaule, celui-là glapit, et toujours revient l'air de la *Codaqui*, hurlé par les bringands, attelés aux bochus et aux chaboteux.

Les bourgeois paisibles se barricadent dans leurs maisons pour échapper à la bande de Jean Boudin et manger en famille les grosses crêpes ou ratons traditionnels; mais la bande force les serrures, enfonce les portes, brise les croisées, descend même par les cheminées et tombe sur les ratons, les aliettes et les pains crottés. Personne ne se plaint : c'est l'usage, et puis on sait que demain Jean Boudin payera les pots cassés.

Le lendemain, dès huit heures du matin, toute la mascarade, visages découverts, accompagne gravement un énorme mannequin bourré de paille et représentant Jean Boudin; douze hommes le portent couché sur un brancard, douze filles marchent trois par trois aux quatre coins du poêle, et l'on se dirige vers la rivière en psalmodiant sur un air lamentable :

> *Jean Boudin,*
> *Il est mort,*
> *Il est mort;*
> *Jean Boudin,*
> *Il est mort*
> *Au matin!*

Arrivé sur le quai, le funèbre cortége met le feu au mannequin et le jette à l'eau. Après la cérémonie, filles et garçons, en bons chrétiens, vont à l'église recevoir les cendres. Toutes les brasseries sont à sec : on peut faire pénitence.

Une année, Jean Boudin, qui avait absorbé plus que son compte, c'est-à-dire plus de cent chopes, sauta après le mannequin pour l'éteindre, comme s'il avait voulu empêcher le carnaval de finir. L'eau était glacée : il y prit une pleurésie dont il mourut quelques jours plus tard.

Avec lui mourut le carnaval dans la ville de Condé, l'une des dernières villes où l'on ait largement fêté le carnaval.

VII

Cette esquisse des vieilles gaietés flamandes mit en joie le grand café Carillon. On trinqua plus souvent, et, de chope en chope, il advint que toutes les têtes fermentaient quand sonna le couvre-feu.

— Si nous organisions une mascarade pour les jours gras ? proposa quelqu'un, et la proposition fut accueillie avec enthousiasme.

Les valets de ville vinrent prévenir les buveurs qu'il était temps de regagner leurs lits, et ce ne fut pas sans surprise qu'en repassant par la place d'armes, ils rencontrèrent des groupes qui se promenaient avec animation.

On ne se sépara qu'au coup de minuit, après avoir décidé qu'à la mi-carême « on ferait les *Incas*, » au profit des pauvres, comme à Valenciennes. Le projet avait grandi et il ne s'agissait déjà plus d'une simple mascarade.

La *Marche des Incas*, que nos lecteurs connaissent au moins de réputation, est la plus belle sans contredit des fêtes qu'on peut voir en Flandre, le pays par excellence des grandes fêtes populaires.

Bien que née du carnaval, elle n'a rien de carnavalesque et ne ressemble pas davantage aux vieilles processions d'origine espagnole, dont il nous reste des spécimens dans le *Gayant* de Douai, le *Reuss-Papa* de Dunkerque, le *Goliath* d'Ath, le *Lydéric* et *Phinaert* de Lille, tous géants dont l'auteur de ces lignes a retrouvé les pères à Tolède, dans le clocher de la cathédrale.

La dernière fête que la Société des Incas a organisée, en juin 1866, représentait l'*Humanité s'avançant dans la voie de la civilisation et du progrès*. Le cortége se composait de deux mille personnages divisés en trente chars avec leurs escortes. Il déroulait sous les yeux éblouis par la richesse des costumes l'histoire tout entière depuis l'ancienne Egypte jusqu'au congrès de la Paix.

En 1856, la fameuse marche n'avait pas encore

atteint à ce degré de splendeur. Pourtant elle était déjà célèbre et les villes voisines voulaient, à l'exemple de Valenciennes, avoir leurs cortéges historiques.

VIII

Les jeunes Condéens ne pouvaient échapper à ce banal esprit d'imitation. Voilà pourquoi dans leurs têtes, à l'idée de ressusciter l'ancien carnaval, avait succédé tout de suite le projet d'organiser une marche d'Incas.

La vanité avait, là comme ailleurs, détrôné la gaieté grossière, mais franche qui épanouissait les pères. On ne demandait plus à rire à panse déboutonnée, on tenait à paraître.

On se revit le lendemain soir au café. Il avait été convenu que chacun apporterait une idée, un plan, quelque chose d'original. Malgré le précepte de l'Évangile, nos chasseurs d'idées revinrent tous bredouille.

Ils prirent alors le parti de s'adresser à l'un d'eux qui, rêvant la gloire littéraire, entassait sournoisement vers sur prose et drames sur romans.

Le poète *in partibus* apporta, le soir même, au café Carillon, un plan qui ne ressemblait en rien à celui des fêtes valenciennoises.

Les Valenciennois s'étant emparés du sévère domaine de l'histoire, il établissait les Condéens dans la libre région de la fantaisie. Sans sortir du carnaval, il y faisait défiler les types de la comédie antique, de la comédie italienne, de la comédie française et couronnait le tout par l'apothéose de mademoiselle Clairon, l'illustre Condéenne.

Trois chars avec leurs cortéges suffisaient à l'exécution de ce plan :

LE CHAR DU CARNAVAL ANTIQUE

Bacchus, Silène, Pan, les *Faunes,* les *Sylvains,* les *Satyres,* les *Bacchantes.*

LE CHAR DU CARNAVAL MODERNE

Les *types de la comédie italienne et de la comédie française,* les *masques et bouffons du carnaval français et du carnaval flamand.*

LE CHAR DE CLAIRON

Entourée des grands acteurs de tous les temps dans les costumes de leurs principaux rôles.

L'auteur de la marche l'avait baptisée de ce nom modeste : la *Procession des Marionnettes*, mais on lui fit observer qu'il y apportait trop de modestie et que marionnette sonnerait mal aux oreilles des

Condéens. Il proposa alors : la *Promenade des Fantoches*, un nom qui, sous un mot sonore et inconnu, cachait la même signification. *Promenade des Fantoches* réunit tous les suffrages.

IX

On se mit à l'œuvre aussitôt, car il n'y avait pas de temps à perdre. Il fallait que tout fût prêt en moins de six semaines. On nomma un Comité dont la présidence fut décernée au membre qu'on présumait devoir être le plus magnifique.

Le Comité partagea la Société en groupes qui choisirent chacun leur chef. Il distribua les rôles, il s'occupa de la construction des chars et de la confection des costumes.

Il n'oublia point de demander la permission à M. le maire et une subvention au conseil municipal. Par ses ordres on fit une collecte chez les habitants. On fit surtout contribuer les brasseurs, qui plus que les autres avaient intérêt à la fête.

On ne rêvait, on ne parlait, on ne discutait que Fantoches. En ce moment, le gouvernement aurait culbuté que personne n'y eût pris garde. Une vieille femme, bossue, laide, riche et trois fois veuve, épousa dans l'intervalle un tambour-major ; on oublia de lui donner un charivari.

La passion bien connue des Flamands pour ces sortes de fêtes ne suffit pas seule à expliquer un élan pareil. La platitude de l'existence ordinaire y entre aussi pour quelque chose. Il faut avoir ressenti l'immense ennui qui fait le fond de la vie dans les petites villes pour comprendre cette exaltation et n'en pas sourire.

X

Cette fougue n'allait pourtant pas sans une certaine résistance, mais ce barrage n'aboutissait qu'à donner plus de force au torrent. Ce timide obstacle venait des ambitieux à maigre escarcelle qui, ne pouvant briller en première ligne, y voyaient les autres de mauvais œil; des caractères grincheux, des vaniteux impuissants qui ne font rien et blâment tout ce qu'on fait ; enfin des gens rangés que la fête devait déranger dans leurs habitudes. Ils lui prédisaient un fiasco complet et par leurs railleries retenaient les indécis.

Les Fantoches résolurent de leur clore le bec en frappant un coup d'éclat. Un des grands attraits de la marche des Incas était le feu d'artifice que Ruggieri, l'artificier de l'Empereur, ne manquait jamais de venir tirer en personne. Il se trouvait justement que la mère de Ruggieri était une Condéenne.

L'inventeur de la Fantochade eut l'idée d'utiliser cette circonstance. Il écrivit à l'artificier pour lui soumettre son plan et demander le prix d'un bouquet d'artifice. La lettre, signée par le président, rappelait adroitement les liens qui rattachaient Ruggieri à la ville de Condé.

Trois jours après, le Président de la Société des Fantoches reçut la réponse de Ruggieri. L'artificier de l'Empereur annonçait qu'il viendrait tirer lui-même un feu dont il faisait généreusement hommage à la ville qui avait donné le jour à sa mère. La nouvelle courut comme une fusée et alluma les têtes les plus froides et les plus récalcitrantes.

Toute médaille a son revers. Ruggieri, prenant au sérieux son rôle de conseiller, poussait la bienveillance jusqu'à proposer un autre plan de marche: *l'Entrée triomphale de Louis XIV à Condé*, laquelle avait eu lieu, disait-il, le 26 avril 1676.

Il tenait, d'ailleurs, de bonne source que les clés de la ville avaient été remises au roi-soleil par un de ses ancêtres, grand-bailly et chef du magistrat de l'époque. Il destinait à un Condéen de sa famille le personnage de cet honorable ancêtre.

Maudit ancêtre, qui faisait retomber la fête dans la banalité des entrées de souverain ! Mais le moyen de refuser cette satisfaction d'amour-propre au mortel généreux dont le brillant concours devait doubler l'éclat de la marche !

XI

Le poète en herbe tourna la difficulté en rédigeant un programme qui mariait heureusement les deux idées. Dans ce nouveau plan, la Société des Fantoches représentait l'entrée triomphale de Louis XIV, et offrait au monarque victorieux le spectacle de la comédie humaine déroulé depuis environ trois mille ans, époque des fêtes de Bacchus, jusqu'à nos jours.

De ce pompeux mariage était né un énorme anachronisme, mais qu'importe ! on était en pleine fantaisie, et d'ailleurs le public, grâce à Ruggieri, n'y verrait que du feu !

Conseillé par son secrétaire, un vaniteux impuissant, M. le maire y vit autre chose, hélas ! et tout à coup, sans crier gare, il interdit la Promenade des Fantoches. Patatras !... On courut à la mairie; on y apprit que la fête, ayant désormais pour but de glorifier une dynastie déchue, devenait séditieuse et, comme telle, ne pouvait avoir lieu.

On s'efforça de prouver à M. le maire que Louis XIV n'avait nullement trait à la politique du jour et n'était aux yeux des Fantoches qu'un pur personnage historique. M. le maire ne voulut entendre à rien. C'est en vain qu'on lui expliqua qu'en sa qualité d'artificier de l'Empereur, Ruggieri se serait bien gardé de proposer un sujet séditieux.

Le digne magistrat n'ouvrit l'oreille qu'après qu'on y eût coulé discrètement que l'Empereur aimait les fêtes publiques, et que parfois, sur le rapport d'un de ses familiers, — de son artificier, par exemple, — il lui arrivait de récompenser d'un bout de ruban les maires intelligents qui secondaient sa politique.

XII

Le programme parut enfin dans les trois journaux de l'arrondissement. D'immenses affiches s'étalèrent en outre sur les murs des villes et villages voisins, ainsi que dans toutes les gares du chemin de fer de Bruxelles à Paris.

Les Parisiens apprirent avec stupeur qu'une fête purement littéraire allait se donner au bout de la France, à deux pas de la Belgique, chez les sujets du rouge et massif Cambrinus, roi de la bière.

Rien ne réussit comme le succès, a dit un sage. Il était écrit que tous les obstacles qu'on susciterait à la Société des Fantoches tourneraient à sa gloire et à la confusion de ses ennemis.

A la suite de chaque char, le programme énumérait les personnages qui le composaient. En inscrivant Turcaret, Brid'Oison et surtout le Tartuffe parmi ceux de la comédie française, le rédacteur ne se doutait pas qu'il allait exciter un orage épouvantable.

Le secrétaire de la mairie s'imagina que, pour se venger de sa sournoise opposition, on avait voulu le représenter dans le personnage du Tartuffe; le juge de paix se reconnut dans celui de Brid'Oison, et on fit croire au percepteur des contributions directes que Turcaret n'était autre que lui-même.

Trois jours après l'apparition du programme, parut dans une des feuilles de Valenciennes un long article où une main anonyme tançait vertement les étourneaux qui n'imaginaient rien de mieux que des faunes, des satyres, des bacchantes et des polichinelles pour récréer les yeux de S. M. Louis XIV.

Devinant où le bât blessait les auteurs de la mercuriale, le Comité des Fantoches trouva piquant de prendre à son compte des épigrammes dont le hasard seul était coupable.

XIII

Il releva le gant et répondit bravement dans les trois journaux par une note collective qui empruntait à Molière la fameuse amphibologie où il avait confondu le Tartuffe et le président Lamoignon. Le public y était prévenu que Polichinelle, Brid'Oison, Turcaret, Tartuffe, les faunes, les bacchantes, etc., malgré la mauvaise humeur de quelques personnes qui ne voulaient pas qu'on *les* représentât, n'entreraient pas moins en scène au jour et à l'heure indiqués. En même temps, paraissait le cri des Fantoches, renouvelé du *Cry* des Enfants-Sans-Souci.

> *Dans la farce nouvelle*
> *Tous les hommes sont peints.*
> *Voilà Polichinelle,*
> *Le prince des pantins :*
> *Devant Sa Seigneurie*
> *Frères, prosternez-vous !*

> *C'est la grande Sottie,*
> *Car tout est comédie,*
> *C'est la grande Sottie,*
> *Venez, sages et fous,*
> *Fantoches comme nous !*

La chanson avait six couplets. Les vers n'étaient pas de première qualité, mais ils frappaient les adversaires en pleine poitrine. Le lendemain, toute la ville chantait la chanson des Fantoches et on en tira un pas redoublé que la Société philharmonique apprit en vue de la représentation.

Le trio furieux ne se tint pas pour battu. N'ayant pu réussir avec la mairie, il se tourna vers l'église. Le curé était un saint homme qui ne pouvait manquer d'avoir un jour le royaume de Dieu. On lui persuada de fulminer en chaire contre les impies qui voulaient ramener le paganisme. C'est ce qu'il fit le dimanche suivant.

Le mot d'ordre fut donné, de plus, à tous les desservants des villages. Ils défendirent à leurs ouailles d'assister, sous peine de péché mortel, à ce spectacle abominable où l'on verrait le diable en personne. Le diable, en effet, devait figurer, avec Polichinelle, sur le char du carnaval moderne.

Cette singulière levée de boucliers fit un tel bruit dans l'arrondissement, qu'un grave professeur du collége de Valenciennes, ignorant le dessous des cartes, publia une savante dissertation où il établissait qu'en promenant le char de Bacchus, la Société des Fantoches ne visait nullement à ressusciter le culte de Jupiter.

Les Fantoches n'avaient pas encore donné leur première représentation. Ils étaient déjà célèbres à dix lieues à la ronde.

XIV

Le grand jour vint enfin. Depuis une semaine, le temps était couvert. Vainqueurs sur toute la ligne, les Fantoches n'avaient qu'une crainte, c'est que le ciel ne se mît de la partie et ne fît cause commune avec leurs ennemis.

Dès le matin, le théâtre était prêt : on avait sablé les rues, enguirlandé et pavoisé les maisons. Vers onze heures, le bon Dieu eut l'aimable attention de lever son rideau de nuages et d'allumer son lustre. Il faisait doux et, comme disent les Allemands, le ciel était plein de violoncelles : les acteurs pouvaient entrer en scène.

Une foule de voitures amenaient les habitants des villes voisines. Les villageois affluaient par bandes, curieux de voir le diable, qu'il n'avaient jamais vu. Ils étaient d'ailleurs affriandés par les noms bizarres qui, sur l'affiche, avaient l'air de leur tirer la langue. Le mot « fantoche, » une vraie trouvaille, les intriguait au plus haut point.

A une heure précise, un courrier vint à franc étrier annoncer que S. M. Louis XIV arrivait aux forts détachés. Aussitôt le canon tonna et la cloche du beffroi sonna à toute volée. Une députation du Corps municipal, composée du grand-bailly, du mayeur, de deux échevins et de six conseillers, sortit de la Maison de ville.

Suivie des différents corps de métier, elle se rendit sur la place Verte afin de prendre en son château, décoré pour la circonstance, Mgr le duc de Croy, prince du Saint-Empire et seigneur de Condé. Le cortége se dirigea ensuite vers la porte de Valenciennes.

Une foule immense l'y attendait. Bientôt parut dans une voiture de gala Louis XIV avec sa suite. Les quatre mousquetaires qu'Alexandre Dumas, premier du nom, a introduits dans l'histoire populaire, caracolaient aux portières.

Représenté par un Valenciennois, propre fils du roi des Incas, le roi-soleil avait si grand air que le bailly en fut troublé et récita son compliment tout de travers. Les tambours alors battirent aux champs, le poste prit les armes et le cortége se remit en marche pour le château de Croy, où était servie la collation d'honneur.

XV

A trois heures, commencèrent les fêtes de jour, et, sous les yeux de Louis XIV, assis avec sa suite au balcon de l'hôtel de Ville, on vit circuler le char de Bacchus. Pour que ce char eût un caractère tout à fait artistique, l'ordonnateur de la fête avait fait reproduire aussi exactement que possible la bacchanale fantastique qu'Henri Heine a magnifiquement décrite dans *les Dieux en exil*.

« On vit paraître, à demi couvert d'une tunique étincelante de diamants, un beau jeune homme aux plus belles formes...

« Dans la frénésie de leur enthousiasme, les femmes lui prodiguèrent des caresses, lui posèrent sur la tête une couronne de lierre, et lui jetèrent sur les épaules une magnifique peau de léopard.

« Au même instant arriva un char de triomphe en or, à deux roues et attelé de deux lions ; le jeune homme y monta avec la majesté d'un roi, mais toujours le regard serein et insouciant. Il conduisait le féroce attelage avec des rênes d'or... »

En historien véridique, nous devons avouer qu'il

manquait certains traits à la complète réalisation de ce tableau pittoresque.

Par exemple, les lions du Bacchus flamand étaient en carton doré; il est vrai qu'en revanche on avait remplacé la couronne de lierre par un diadème et un collier de pierreries qui, au soleil, brillaient de mille feux.

Le cortége du dieu rédempteur de la joie ne s'abandonnait pas, de son côté, à l'ivresse divine si chaudement peinte par l'auteur d'*Atta Troll*; mais mollement couchés sur les gradins du char ou l'escortant en troupe, les ménades, les corybantes, les sylvains, les faunes, les satyres formaient des groupes superbes et d'une pureté suffisante pour des yeux peu familiarisés avec les bas-reliefs antiques.

XVI

La promenade de nuit eut encore plus de succès que la promenade de jour. Elle fut d'un effet vraiment magique et tel qu'on ne saurait se le figurer, même après avoir vu les pompeux défilés de nos plus merveilleuses féeries.

Sous les blancs rayons de la lune, dans les rues

illuminées *à giorno*, au son de quatre corps de musique, le cortége composé d'environ trois cents personnages, s'avançait lentement, entre deux haies de torches, éblouissant les yeux de vingt mille spectateurs électrisés.

Les hommes battaient des mains, les femmes agitaient leurs mouchoirs, des bouquets pleuvaient de toutes les fenêtres, et une immense clameur de bravos dominait le bruit des musiques.

Quand vint l'apothéose de mademoiselle Clairon, l'enthousiasme fut au comble. Tous les Fantoches, à la lueur fantastique des flammes du Bengale, se groupèrent sur des gradins élevés contre la façade de l'hôtel de ville, et le plus beau feu d'artifice qu'on eût encore tiré à Condé versa ses pluies d'or sur la foule en délire.

La quête produisit un millier de francs, et durant le bal des Fantoches on distribua des médailles aux quêteurs. Le bal eut lieu à la mairie, et, grâce aux costumes pittoresques des danseurs, de temps immémorial on n'en avait vu d'aussi splendide.

XVII

Mais les wiseux de la Capelette ne se laissèrent

pas fasciner par toutes ces magnificences, et, quand on demanda son avis à Tuné, dont le récit les avait provoquées, il secoua la tête et murmura entre ses dents :

> *Jean Boudin,*
> *Il est mort,*
> *Il est mort;*
> *Jean Boudin,*
> *Il est mort*
> *Au matin!*

Le vieux carnaval débraillé et jovial, le carnaval des Téniers et des Callots, des péqueux, des bochus et des chaboteux, le carnaval du franc rire et de la gaîté sans bornes, le carnaval de Jean Boudin était, hélas! plus mort que jamais! Il était si bien mort qu'on lui avait donné un successeur gracieux, élégant et... solennel!

ANGÉLINA MAGINEL

Angélina Maginel

I

'est le dimanche 25 octobre 1848, jour de la ducasse du Quesnoy, que mademoiselle Angélina Maginel, fille du greffier de la justice de paix, fit son entrée dans le monde, au bal de la mairie. Elle avait dix-sept ans.

Grande, svelte, mince et blonde, elle était ravissante, et M. Célestin Castrol, le fils de M. le maire, dansa avec elle trois contredanses, ce qui fut remarqué.

M. Castrol père était banquier et passait pour

millionnaire. A dater de ce jour, M. son fils fréquenta beaucoup chez M. Maginel.

Au bout de six mois, madame Maginel parla mariage, et M. Castrol père envoya à Paris M. Castrol fils compléter ses études sur la banque.

Mon cousin Lariguette profita de son départ pour demander la main d'Angélina, qui, à l'âge de six ans, l'appelait son petit mari. Mais M. Célestin donna de ses nouvelles et mon cousin fut refusé.

C'était pourtant un bon parti. On réputait l'oncle Lariguette pour le richard de la famille, et sa tannerie valait bien quarante mille francs.

Six mois après, madame Maginel reçut deux lettres qui lui annonçaient le double mariage de MM. Célestin Castrol et Théodule Lariguette.

La bonne dame pensa en faire une maladie. Heureusement la garnison vint à changer, et un jeune lieutenant de chasseurs distingua mademoiselle Maginel. Il tenta de lui plaire, tomba sérieusement amoureux, demanda sa main et l'obtint. Il ne manquait plus que l'autorisation du ministre de la guerre.

Le ministre la refusa, sous prétexte que mademoiselle Maginel ne pouvait justifier de la dot réglementaire.

A l'officier succéda un visiteur des douanes. Le mariage fut rompu par les soins de madame Pélissard, la femme du juge de paix, dont la robe de soie gorge de pigeon était éclipsée par la robe vert-pomme de madame Maginel.

II

Angélina venait d'atteindre sa vingt-deuxième année : elle s'épanouissait dans toute sa beauté. Mais sa beauté était connue; on s'habituait à la voir rester fille et on cessait dans les soirées d'hiver de la marier avec MM. tel ou tel.

Durant quatre ans, il n'y eut pas d'autre événement que la mort du père et de la mère Maginel. Angélina resta seule avec son frère Néoptolème, qui avait hérité du greffe paternel.

Plus d'amour, partant plus de joie.

Le cœur de la pauvre fille était vide, et elle s'ennuyait. Pour se distraire, elle lut des romans : elle vécut de la vie des héroïnes imaginaires et parvint à tromper ses inquiétudes. Son imagination prit feu : elle rêva des passions impossibles, et épousa tour à tour les quatre mousquetaires.

A vingt-huit ans, elle hérita environ quinze mille francs d'une vieille tante, et fut demandée en mariage par un maître élémentaire du collège communal, qui passait devant ses fenêtres depuis dix ans, ses livres sous le bras. Epouser un petit maître d'école qui avait une place de neuf cents francs, ah ! fi !

Elle se dégoûta des romans, descendit du pays bleu, reprit terre et éprouva un grand apaisement. Elle fit des confitures et surveilla sérieusement la lessive : jamais le ménage de Néoptolème n'avait été mieux tenu.

III

Au milieu de ces occupations, tout à coup elle entendit sonner la trentième année. Trente ans !... Angélina s'éveilla comme au bord d'un précipice.

Elle fut saisie d'un désir ardent, effréné, invincible, non plus d'aimer, mais de se marier. Elle voulut un mari tout de suite, à tout prix, quel qu'il fût, jeune, vieux, beau, laid. Cette idée la poursuivait, l'obsédait.

Elle le voyait, ce mari, toujours, partout, dans tous les hommes qu'elle rencontrait, jusque dans les petits jeunes gens, qui devaient grandir et se marier. L'infortunée se sentait vieillir, sans se croire vieille : explique qui pourra ce phénomène.

A l'arrivée d'un nouveau régiment, elle se mettait à sa fenêtre pour choisir parmi les officiers. Ce serait celui-ci, non, celui-là ; et le lendemain elle apprenait qu'ils avaient femme et enfants. Elle se fit tirer les cartes ; les cartes lui affirmèrent qu'elle serait délivrée dans l'année : l'année passa.

Un jour, à la ducasse, elle lut ces mots affichés sur une baraque de saltimbanque : *C'est ici que les jeunes gens voient pour un sou celle qu'ils doivent épouser, et les demoiselles réciproquement.* Elle entra : on lui montra, par mégarde ou malice, un portrait de femme. Fallait-il en conclure qu'elle mourrait fille ?

Elle n'en guettait pas moins l'arrivée de la voiture publique, et observait avidement les hommes qui en descendaient. Elle se tenait au courant des mutations qui renouvelaient au Quesnoy le personnel des employés.

Elle fit dire une messe et brûler des cierges à sainte Catherine, patronne des vierges martyres. Si le maître d'école était revenu à la charge, malgré son collet crasseux, Dieu me pardonne, elle l'aurait agréé !

IV

Un soir, enfin, débarque au Quesnoy, avec une valise qui ne paraît pas contenir plus de trois chemises, un commis à pied des contributions indirectes, vieux, laid et sale. Il l'aperçoit et, comme il songe à prendre femme, il jette son dévolu sur elle.

Il passe et repasse devant sa porte : elle lui fait des yeux blancs. Il demande sa main.

Néoptolème s'informe : il apprend que l'employé est en disgrâce, qu'il a le goût de l'absinthe et un affreux caractère. N'importe, il le lui faut, elle veut l'avoir, elle l'aura : elle se laisserait plutôt enlever.

Hélas ! cette demoiselle si sage, dont la robe immaculée a échappé à toutes les éclaboussures, elle est sur le point de se compromettre horriblement ! L'affaire transpire. La désolation est au camp de ses amies et de leurs filles.

Durant huit jours, deux jeunes mariées, ses cousines, se relayent pour réciter à ses oreilles la longue litanie des vices du vieil employé, et elle y renonce enfin, désespérée. Ce fut son coup de grâce.

V

A l'heure qu'il est, brûlée au feu lent du dépit, la pauvre demoiselle devient longue et sèche comme le cheval de l'apocalypse. Elle est depuis quatre ans dans sa trente-neuvième année.

Elle fait trois toilettes par jour, des toilettes fraîches et printanières, où sa figure fanée s'encadre comme une pluie d'automne entre deux rayons de soleil.

Aurait-elle repris de l'espoir ? Elle trottine, elle court, elle sautille dans la rue ; elle est si enfant ! Elle a adopté la première le pantalon, que jusqu'alors portaient seules chez nous les petites filles.

Elle reste toute la journée sur la porte comme un pêcheur mélancolique devant un étang où *il ne mord pas.* — Anne, ma sœur Anne, ne vois-tu rien venir ? A heure fixe, Angélina voit passer les officiers qui vont du café de Paris à la pension bourgeoise, et de la pension au café, sans la regarder.

Par-dessus les toits des maisons, le coq du clocher la contemple, solitaire comme elle.

Le dimanche, elle se fait coiffer par Closson, le prince des coiffeurs de l'endroit, qui lui dit les nouvelles. Ensuite elle se rend à la messe de onze heures pour prendre part au concours des toilettes ; elle sort de l'église entre les deux rangs de curieux, qui suivent des yeux les frais visages. L'après-midi, elle va en visite dans trois maisons, où elle répète les nouvelles apprises le matin.

Au spectacle, qui a lieu une fois par mois, elle paraît, épaules et bras nus, un énorme bouquet à la main. Elle pleure ou rit, quand on la regarde, pour montrer qu'elle a le cœur sensible, et de belles dents.

Elle ne manque pas un des quatre bals qui se donnent l'hiver dans les salons de la mairie. De la banquette où elle s'assied depuis vingt-cinq ans, elle lance des regards de détresse aux cavaliers, qui ne font pas mine de l'inviter.

A l'imprudent qui lui dit : Bonsoir, mademoiselle, comment vous portez-vous ? Elle répond : Avec plaisir, monsieur, pour la prochaine contredanse. Et les danseurs la fuient, car tout est devenu ridicule chez elle, tout, jusqu'à ce nom d'Angélina, jadis si doux !

VI

De temps en temps, elle passe une journée affreuse, c'est lorsqu'elle apprend le mariage d'une jeune fille qu'elle tenait naguère sur ses genoux; elle s'étonne de voir qu'on ne marie plus que les enfants.

La semaine dernière, elle a assisté au mariage du fils de M. Célestin Castrol : il épousait la fille de mon cousin Lariguette, qui a fait de bonnes affaires. Mon brave cousin Lariguette, si elle savait que, maintenant encore, il ne peut la voir sans un battement de cœur !

Elle a beaucoup critiqué la coiffure de la mariée, œuvre d'un coiffeur venu tout exprès de Valenciennes. La robe aussi allait de travers, mais mademoiselle Lariguette est si mal faite, sans qu'il y paraisse. D'ailleurs, elle était décolletée d'une façon indécente !

L'âge a rendu Angélina prude et méchante; elle ne tardera pas à devenir dévote. Elle met son bonheur à déchirer tout le monde et à contrarier les amoureux.

Ce n'est pas qu'elle soit jalouse, non : personne n'ignore que, si elle est restée fille, c'est qu'elle l'a bien voulu, et qu'elle a refusé les plus riches partis, entre autres MM. Lariguette et Castrol !

Je ne sais si beaucoup de gens la croient : les uns la craignent, les autres la raillent, tous la détestent, moi, je la plains !

VII

Oui, je te plains, ma pauvre Angélina ; je te plains de tes regrets, je te plains de tes ridicules, je te plains de ta méchanceté, je te plains de ton célibat forcé à perpétuité !

Jamais la couronne de fiancée ne parera ton front jadis si beau, et une petite bouche rose ne sourira jamais aux caresses de ta voix. Voilà pourquoi je te plains, et parce qu'enfin ce n'est pas ta faute si on t'a fait croire que la vie n'a qu'un principe et qu'un but : la vanité !

LE CHAT

DE LA MÈRE MICHEL

Le Chat de la mère Michel

I

u temps jadis, au temps où le roi Dagobert mettait sa culotte à l'envers, il y avait à Raismes une brave femme d'humeur un peu grondeuse, qu'on nommait la mère Michel et qui vivait de ses rentes, à porte close, avec son fils unique.

Celui-ci était un grand et beau gars d'une telle bonté d'âme qu'on lui avait donné le nom de Quéniole, qu'on donne chez nous aux gâteaux de Noël. Quant à la mère Michel, elle n'appelait pas son fils autrement que : Mon chat, et c'est pourquoi on le nommait aussi : Le chat de la mère Michel.

Quéniole avait d'ailleurs le cœur honnête, et c'était une question de savoir ce qui chez lui l'emportait de la bonté ou de l'honnêteté.

Craignant que pour sa simplesse il ne se laissât facilement dépouiller, son père, en mourant, lui avait légué tout son bien, montant à mille florins d'or, à la condition qu'il n'en jouirait pas avant l'âge de trente ans révolus.

Mais comme il voulait, d'autre part, que son fils apprît à gouverner lui-même sa fortune, il avait décidé qu'à vingt-cinq ans le gars pourrait prendre sur la succession la somme de trois cents florins d'or, afin de les faire fructifier de telle façon qu'il lui plairait.

II

Par la volonté de défunt son père, le bon Quéniole vivait ainsi, aimé de tout le monde, mais ne faisant rien que chasser et pêcher à la ligne pour se distraire. Il avait atteint ses vingt-cinq ans depuis deux mois, et cette vie commençait à lui peser, quand un soir, à l'époque où les hannetons bruissent dans les feuilles, il ouït des garçonnals qui chantaient au bois :

> Bruant, bruant, pass' par ici,
> Tu auras du pain bénit ;
> Si tu passes par no' maison,
> Tu auras des coups d' bâton.

« Est-ce qu'on ne dirait pas, s'apensa-t-il, que c'est à moi qu'ils en ont ? Hélas ! oui, je suis un vrai bruant, qui n'est bon à rien et qui mérite d'avoir des coups de bâton pour rester ainsi inutile à la maison ! Si c'est au bois qu'on distribue le pain bénit, pas plus tard que demain j'irai en querir, car je ne veux plus manger que de ce pain-là. »

Le lendemain, aussitôt que Chanteclair eut sonné la diane, Quéniole se leva, chaussa ses houseaux, prit sa crosse et attendit que la mère Michel sortît de sa chambre.

— Mère Michel, lui dit-il, j'ai à cette heure mes vingt-cinq ans d'âge, et je suis las de vivre comme un lérot qui dort dans le creux d'un fau. Voici qu'avril s'en va, que mai s'en vient; c'est le vrai moment pour trouver la pie au nid. Donnez-moi seulement cent florins d'or, et j'irai chercher fortune.

La mère Michel resta tout estomaquée. Jamais elle ne s'était imaginée que son chat pût la quitter : elle tremblait tant qu'il ne fût la dupe de son bon cœur.

Elle tenta par tous les moyens de le retenir, lui remontrant que souvent tel va querir de la laine qui revient tondu. Elle gronda, pria, pleura, ce fut en vain. Voyant qu'elle ne réussissait à rien :

— Je ne puis, dit-elle enfin, te refuser l'argent que tu me demandes. Tiens, prends-le, vilain matou, mais tâche du moins de le mettre à profit. Souviens-toi qu'il y a au bois un petit oiseau qui crie : « Fie qu'à toi ! Fie qu'à toi ! » et surtout ne va pas, selon ta sotte habitude, bailler tes florins au premier va-nu-pieds qui te demandera un petit double pour l'amour de Dieu.

— N'ayez crainte, mère Michel, répondit Quéniole, je saurai les faire si bien profiter, que nous ne mangerons plus que du pain bénit.

Et après avoir rempli son escarcelle, il se mit en route à travers le bois de Raismes.

Le soleil luisait, les oiseaux chantaient, et compère loriot suivait le voyageur dans les branches, en lui criant, non pas : « Fie qu'à toi ! » mais : « Bonjour Quéniole ! bonjour Quéniole ! »

Comme le voyageur approchait de l'abbaye d'Elnon, il vit un homme qui s'acharnait sur un cadavre à grands coups de poignard.

— Malheureux ! lui dit-il, que faites-vous ? Ne voyez-vous pas que cet homme est mort ? A quoi sert de frapper un corps sans vie ?

— Ce corps m'appartient, répondit l'autre. C'est

celui d'un mien débiteur qui est mort insolvable. J'ai juré qu'il ne serait pas inhumé en terre sainte, et je le dépèce pour le jeter en pâture aux corbeaux.

— Combien vous devait-il? demanda Quéniole.

— Quatre-vingts florins d'or.

— Céderiez-vous son cadavre à celui qui vous paierait sa dette?

— Certainement, mais cet homme était étranger; il n'avait ni parents ni amis. Qui donc consentirait à payer la dette d'un inconnu?

— Moi! dit le chat de la mère Michel. Il compta les quatre-vingts florins d'or, chargea le corps sur ses épaules et le porta à l'abbaye d'Elnon, où il le fit mettre en terre sainte. Il donna même les quelques florins qui lui restaient, afin qu'on dît des obits pour le repos de l'âme du trépassé.

Pour lors, le cœur aise, mais l'escarcelle vide, il s'en retourna à Raismes, et il lui sembla que cette fois compère loriot lui criait : « Bravo, Quéniole! bravo, Quéniole! »

III

Le ciel se coiffait de nuit quand il arriva. La mère Michel ne l'attendait pas si tôt. Son voisin, le père Plumecoq, était venu, comme d'habitude, fumer sa pipe après le souper.

Jardinier de son état, le père Plumecoq était un homme d'âge et d'expérience.

— Comprenez-vous, lui disait la bonne femme, la fantaisie qui lui a pris tout à coup ?

— Eh ! sans doute, la mère Michel, que je la comprends ! Il n'est feu que de bois vert, et le temps est arrivé que votre garçon coure le monde pour apprendre à vivre.

— Mais, bon et simple comme il l'est, jamais il ne se tirera d'affaire.

— Allez, la mère Michel, votre chat n'est pas perdu. Et tenez, je crois que le voici.

C'était, en effet, Quéniole qui ouvrait la porte.

— Comment ! déjà ? fit la mère Michel, heureuse de revoir son chat et inquiète de le revoir si tôt.

— Oui, mère Michel, déjà, et vous pourrez compter que j'ai bien employé mes cent florins d'or.

— Ah ! Et qu'en as-tu fait, mon chat ?

— J'en ai acheté votre part du paradis et la mienne.

— Cela se vend donc ?

— Oui, et ce sont les pauvres et les affligés qui touchent le prix de la marchandise.

— Là !.. j'en étais sûre. Tu as encore baillé ton argent à quelque meurt-de-faim ! Ça ne pouvait manquer !

— Celui que j'ai secouru n'était plus, hélas! en peine de sa nourriture. Le pauvre diable avait perdu le goût du pain.

— Il était mort?... Mais alors je ne vois pas ce que tu as pu faire...

— Je l'ai fait enterrer, ma mère!

Et il raconta toute l'histoire. Quand il eut fini :

— Va, s'écria la mère Michel, ton père avait raison de dire que tu ne seras jamais qu'un ninoche. Dépenser cent florins pour faire enterrer un mort qu'il ne connaissait ni d'Ève ni d'Adam!... S'il y a du bon sens!

— Bah! il aurait pu les dépenser plus mal, répliqua le jardinier. Et qui sait, après tout, si ce n'est pas de l'argent bien placé! Est-ce que le proverbe ne dit pas que la main du pauvre est la bourse de Dieu?

Cette façon de la consoler fut si peu du goût de la mère Michel, qu'elle s'assit à son rouet et ne souffla mot du reste de la soirée.

IV

A quelque temps de là, Quéniole réclama les

deux cents autres florins d'or qui lui étaient dus d'après le testament de son père.

— Oui, va, dit la mère Michel, prends tout, donne tout, jette tout par la fenêtre, et ne viens plus me casser la tête. Quand tu n'auras plus rien, tu iras chanter aux portes pour faire aboyer les chiens de ferme !

— Ne vous fâchez point, mère Michel, répondit son chat. Vous verrez que vous serez contente de moi.

Il prit son sac et ses quilles, mit la route entre ses jambes, et le voilà parti. Il n'eut pas marché un quart d'heure, qu'il rencontra deux soldats qui estocadaient avec furie.

Auprès d'eux gisait sous un arbre une jeune et belle paysanne qui avait l'air d'une demoiselle, et qui paraissait, tant elle était pâle, s'être endormie de fatigue. Quéniole n'eut point de peine à deviner le motif de leur estrif.

— Quoi ! leur dit-il, vous allez vous entre-tuer pour cette fille ? Y a-t-il ombre de sens commun ? Donnez-la moi plutôt, et, en retour, je vous baillerai une bonne dringuelle.

— Quelle dringuelle ? demandèrent les soldats abaissant soudain leurs sabres.

— Une dringuelle de deux cents florins d'or, répondit Quéniole.

— Tope ! firent ensemble les soldats.

Ils sautèrent sur l'argent, se le partagèrent et s'enfurent, laissant la jeune fille à Quéniole.

Pendant qu'ils comptaient les florins, celle-ci s'était réveillée et avait tout compris. Elle ne refusa pas de suivre son sauveur qui, heureux de sa trouvaille, l'emporta à Raismes. Je dis qu'il la porta, parce que c'est à peine si l'infortunée pouvait se traîner.

Lorsqu'ils arrivèrent, les gens sortaient de dîner, et la mère Michel, assise à sa fenêtre, racontait ses chagrins au père Plumecoq.

— Allez, la mère Michel, votre chat n'est pas perdu, lui répétait le vieux jardinier. Et, comme la première fois, Quéniole arriva juste à point.

— Jésus, myn God, qu'est-ce qu'il me ramène là? s'écria la mère Michel.

— Une belle demoiselle, mère Michel, pour vous tenir compagnie.

— Et tes deux cents florins d'or ?

— Est-ce qu'elle ne les vaut pas ?

— Comment! gaspilleur, panier percé, briscandeur, tu as donné tes deux cents florins pour cette fille, une fille qui vient on ne sait d'où et qu'il va falloir nourrir par-dessus le marché ! Décidément, il est fou à lier, père Plumecoq, et, pas plus tard que demain, je le fais enfermer à Armentières !

Et, tandis que le père Plumecoq répétait son éterel refrain : Bah ! bah ! peut-être est-ce de l'argent bien placé? Qui donne au pauvre devient le créancier de Dieu ! la mère Michel reprit sans l'écouter :

— C'est qu'elle tombe de faim et de fatigue, la pauvre créature !

Tout en berdélant, elle fit chauffer un bouillon pour réconforter la jeune fille, après quoi, toujours maudissant son fieu, elle la coucha dans son propre lit. La demoiselle était tellement rendue, qu'elle dormit un tour et demi d'horloge.

V

« Mon chat est un ruine-maison, se dit le lendemain la mère Michel, mais, malgré cela, il ne faut pas que cette malheureuse meure de faim, » et, à l'heure où les boulangers de Valenciennes cornent pour annoncer que les pains mollets sortent du four, elle entra avec une jatte de café au lait dans la chambre de la dormeuse.

Quand la demoiselle fut levée, Quéniole vint lui souhaiter le bonjour. Bien qu'elle fût un peu pâle, elle lui paraissait encore plus jolie que la veille. La mère Michel lui demanda qui elle était et par quel hasard elle se trouvait ainsi aux mains de deux soldats.

— Je suis, dit-elle, la princesse Bathilde, la fille du roi Dagobert. Une méchante fée m'a fait à mon baptême ce don perfide que je pleurerais des perles.

Je n'en souffris point tant que ma mère vécut. Quoique mes pleurs dussent enrichir le trésor de la couronne, mes parents m'aimaient trop pour les faire couler exprès. Mais, par malheur, ma pauvre mère vint à mourir, et je pleurai bien fort. Mon père se remaria l'année d'ensuite, et ma belle-mère prit sur lui un grand empire. Sachant de quelle vertu mes yeux étaient doués, elle me querellait et me battait du matin au soir.

Ces jours derniers, le roi nous amena à Tournai pour passer l'été dans la résidence de nos ancêtres. Comme il devait y avoir un grand gala, ma belle-mère, qui est fort coquette, voulut y paraître avec un magnifique collier de perles. Elle me battit si cruellement, que n'y pouvant plus tenir, je m'enfuis du palais sous les habits de la fille du jardinier.

Je voulais me réfugier à Denain, au couvent des Bénédictines; malheureusement, je m'égarai dans le bois. Après avoir longtemps erré à l'aventure, je m'endormis de lassitude sous l'arbre où votre généreux fils m'a trouvée et achetée aux deux soldats.

— Et tu crois qu'elle ne nous en conte pas? dit la mère Michel, lorsqu'elle fut seule avec son chat.

— Pourquoi mentirait-elle? répondit Quéniole. Elle a l'air si doux et si honnête!

— Nous verrons bien, car il faut espérer que cette belle fille aura l'honnêteté de pleurer un peu, pour s'acquitter envers le pauvre monde.

VI

Ils continuèrent à la soigner, la mère Michel toujours marmottant la patenôtre du singe, et son chat l'apaisant par de bonnes paroles. La princesse ne tarda point à recouvrer ses fraîches couleurs. Quéniole la trouvait ravissante, mais pour une brique d'or il n'aurait osé le lui dire.

On ne pouvait la traiter à Raismes aussi délicatement qu'au palais de son père. Il tâchait pourtant qu'elle souffrît le moins possible d'un si brusque changement. Chaque matin il lui apportait des fleurs, puis il prenait ses lignes ou son fusil de chasse, et la table, à cause d'elle, était toujours abondamment fournie de poisson et de gibier.

Ces attentions touchaient fort le cœur de Bathilde. Bien que de sa vie elle n'eût fait œuvre de ses dix doigts, elle voulait aider la mère Michel dans les soins du ménage, mais la mère Michel ne permettait pas qu'elle y mît la main.

Tout en grommelant, elle eut bientôt la princesse en grande amitié. Elle oubliait complétement de tirer des perles de ses beaux yeux, et il n'aurait point fallu que quelqu'un s'en avisât.

Il advint même qu'un jour on apprit que la reine était morte.

— Mon pauvre père doit bien souffrir, dit Bathilde. Il aimait tant ma belle-mère !

Et une larme commença de perler au coin de sa paupière.

— J'espère bien, dit la mère Michel, que vous n'allez pas vous mettre à pleurer !

Un matin que Quéniole, son fusil sous le bras, passait sur la place de Raismes, il vit arriver trois hommes habillés de velours et montés sur des chevaux caparaçonnés. Deux d'entre eux sonnèrent de la trompette, après quoi, le troisième annonça que la fille du roi était perdue et qu'on donnerait une forte récompense à quiconque la rendrait à son père.

Le cœur de Quéniole se serra. Fallait-il renoncer au bonheur de voir tous les jours la princesse ! Il eut l'idée de continuer son chemin sans rien dire, mais cette mauvaise pensée ne fit que traverser sa tête comme un éclair.

— Le roi aime donc toujours sa fille ? demanda-t-il au héraut d'une voix altérée.

— Le roi l'a toujours aimée, répondit le héraut,

et, depuis la mort de la reine, il ne vit plus que pour la retrouver.

— Suivez-moi, dit alors Quéniole aux trois cavaliers, je vous montrerai celle que vous cherchez.

Et il les mena dans sa maison. Tous les trois reconnurent sur-le-champ la princesse Bathilde, et lui prodiguèrent les marques du plus profond respect.

Avant de partir, la princesse embrassa la mère Michel, en pleurant les premières larmes qu'elle eût versées à Raismes. La douleur des assistants était telle que personne ne songea à les recueillir.

Bathilde tendit ensuite la main à Quéniole et lui dit :

— Dans trois mois, jour pour jour, habillez-vous comme un chevalier et venez voir mon père. Il vous donnera la récompense promise. S'il y avait beaucoup de monde à l'audience, ayez soin de lever la main au-dessus de votre tête. A ce signe, on vous reconnaîtra.

VII

Ces trois mois parurent au bon Quéniole d'une longueur mortelle ; mais ce n'était point l'appât de la récompense qui lui faisait durer le temps.

Quand on approcha du jour fixé par la princesse, il annonça à la mère Michel qu'il allait partir pour Tournai ; il lui demanda en outre de quoi s'équiper comme un chevalier. La mère Michel haussa les épaules.

— Encore une folie ! lui dit-elle, encore un voyage inutile ! Si le roi avait eu dessein de te récompenser, est-ce qu'il ne l'aurait pas fait depuis longtemps ?

Et comme, aux termes du testament, la brave femme ne devait plus rien compter à son fils avant quatre ans révolus, elle ne voulut même point débourser un rouge double. Quéniole n'en résolut pas moins d'obéir à la princesse.

La veille du jour indiqué, il emprunta quelque argent au père Plumecoq, revêtit ses habits des dimanches, où il était serré comme Martin de Cambrai, enfourcha sa vieille jument et se mit en chemin, fort marri de se voir si mal en point.

Au moment où il arrivait au bois de Glançon, la jument commença de boiter.

Quéniole était désolé de ce nouveau contre-temps, lorsqu'il vit venir à lui un chevalier richement vêtu et monté comme un saint Georges.

— Où vas-tu, mon ami, en ce bel équipage ? lui demanda le chevalier.

— Chez le roi, répondit Quéniole. C'est moi qui ai sauvé la princesse, et je vas quérir la récompense qu'il a promise.

— Et tu crois que ta haridelle te portera jusqu'à Tournai ? mais avant un quart d'heure elle t'aura laissé en route.

— J'en ai peur, dit le chat de la mère Michel.

— D'ailleurs, reprit l'autre, jamais la garde du palais ne te laissera entrer, ainsi accoutré en cueilleur de pommes.

— C'est aussi ce que je crains, dit Quéniole.

— Eh bien ! fieu, veux-tu faire un marché ? Nous sommes de même taille, et mon habit t'ira comme un gant. Je vais te le prêter, ainsi que mon cheval ; mais jure-moi qu'à ton retour tu me donneras en échange la moitié de ce que tu auras reçu.

— Je le jure, dit Quéniole, enchanté d'une proposition qui le tirait d'un si grand embarras.

Il changea d'habits avec le chevalier, enfourcha son cheval et, tout cliquant neuf, continua sa route.

Aux portes de Tournai, il rencontra d'autres chevaliers brillamment équipés. Il les suivit et, comme eux, il s'arrêta à l'hôtellerie du *Lion d'or*, la plus belle de la ville.

Il songea alors qu'il avait oublié sa bourse dans une des poches de son habit, il se fouilla et s'aperçut que le chevalier en avait fait autant. Il reconnut même avec plaisir que l'escarcelle de celui-ci était beaucoup mieux garnie.

Il entra comme les autres et demanda à souper; et cependant par les quatre portes de la ville il arrivait encore des chevaliers.

Quéniole s'informa de ce qui donnait lieu à cette réunion de magnifiques seigneurs.

— Est-ce que vous ne venez pas pour le même motif? lui dit l'hôte d'un air étonné.

— Pour quel motif?

— Eh mais! pour épouser la princesse Bathilde ! Ne savez-vous pas que c'est demain qu'elle doit choisir un époux, et que ces beaux chevaliers sont des princes qui briguent sa main ?

— On l'a donc mise au concours ?

— Oui, parce que la princesse a le malheur de pleurer des perles. Il lui faut un mari si honnête et si bon, qu'il ne la fasse jamais pleurer pour augmenter ses trésors.

A cette nouvelle, Quéniole fut pris d'une grande tristesse. « Sans doute la princesse m'a oublié, se dit-il, et je ferais mieux de m'en retourner comme je suis venu. »

Il resta néanmoins, mais il résolut d'attendre, pour se présenter au palais, que le concours fût terminé.

VIII

Le concours eut lieu le lendemain, et ce fut une grande fête dans toute la ville. Quéniole, qui n'avait pas le cœur à la joie, emprunta à l'hôtelier une blouse et des lignes, puis il s'en alla pêcher pour distraire son ennui.

Il revint le soir avec une assez maigre friture, et demanda si la princesse avait fait son choix.

— Elle n'a pas encore choisi, répondit l'hôte. Il paraît qu'aucun des princes n'a eu l'heur de lui plaire. On en attend d'autres et le concours continuera demain.

« Elle est assez belle pour avoir le droit de se montrer difficile, » pensa Quéniole.

Le lendemain, il retourna à la pêche.

Le concours eut lieu comme la veille et, comme la veille, la dame aux perles déclara qu'aucun des prétendants n'était de son goût.

Cette déclaration parut mécontenter les prétendants, et le roi se mit fort en colère contre la princesse. C'est en vain que son ami, le grand saint Eloi, essaya de le calmer.

A la brune, comme ils prenaient le frais tous les trois sur le balcon du palais, le monarque adressa de vifs reproches à sa fille.

— La princesse doit y regarder de plus près qu'une autre, fit doucement observer le grand saint Eloi, car son époux sera plus porté qu'un autre à mouiller de larmes les yeux de sa femme.

— Aussi lui ai-je fourni de quoi choisir, répliqua le monarque. Jamais on n'a vu une si riche collection de princes. Il y en a de bruns, de blonds, de rouges, de châtains.

— Qu'importe, répondit Bathilde, si je leur trouve à tous l'air méchant, aussi bien aux blonds qu'aux bruns, aux châtains qu'aux rouges! Ah! tenez, plutôt que d'épouser un de ces hommes, j'aimerais mieux prendre pour mari ce pêcheur qui passe là-bas.

C'était Quéniole qui revenait de la pêche, ses lignes à la main.

La princesse l'avait reconnu tout de suite.

— Tu n'en auras point le démenti! s'écria le monarque furieux, et, sur-le-champ, il envoya un de ses aides-de-camp prévenir le pêcheur d'avoir à se présenter au palais le lendemain, à la même heure que les prétendants.

Le chat de la mère Michel avait aperçu de loin la princesse à son balcon. Il n'avait pas osé la saluer, ni même tourner la tête de son côté.

N'ayant nul désir de la voir choisir un époux, il reçut sans joie l'ordre du monarque.

Le jour suivant, il revêtit ses beaux habits et se rendit au palais; mais il se tint derrière les seigneurs, parmi le menu peuple, qui assistait en foule à la cérémonie.

IX

C'est dans la grande salle qu'avait lieu le concours. Elle était splendidement décorée et jamais le chat de la mère Michel n'eût rien imaginé d'aussi merveilleux; mais c'est à peine s'il la regardait. Il regardait la porte par où devait entrer la princesse.

Elle entra enfin au bras de son père. Une riche parure rehaussait sa beauté, et pourtant ce n'est point à cause de sa parure que son sauveur ne l'avait pas encore vue si belle.

Elle passa et repassa entre les deux rangs de seigneurs et les examina d'un œil inquiet, qui semblait chercher quelqu'un.

Quéniole se souvint alors de sa recommandation et leva sa main par dessus sa tête. Bathilde l'aperçut et sa figure s'éclaira. Elle fendit la foule, alla droit au fils de la mère Michel, et dit :

— Voici, mon père, si vous le permettez, celui que je choisis pour époux. Je suis sûre que celui-ci ne me fera jamais pleurer.

— Ce chevalier a, en effet, l'air bon et honnête, dit le roi. Mais qui est-il?

— Ce n'est pas un chevalier, répondit Bathilde; c'est le pêcheur d'hier soir, et de plus l'homme qui m'a sauvée.

— Tu ne pouvais trouver un meilleur mari! s'écria le monarque. Et il fut si content du choix de sa fille, qu'il voulut que le mariage fût célébré le plus tôt possible.

Le jour même, les futurs époux, comme c'est chez nous l'habitude, partirent pour aller inviter à la noce leurs parents et amis, la mère Michel et le père Plumecoq.

Quéniole était dans toutes les joies du paradis.

— Ah! disait-il, je n'eusse point espéré une pareille fortune! Ne craignez pas, ma chère Bathilde, que je fasse jamais pleurer vos beaux yeux!

— Je ne le crains pas, répondait la princesse, et ils allaient ainsi devisant de leur bonheur, quand, arrivés au bois de Glançon, ils virent de loin, sur un vieux cheval fourbu, un homme qui semblait les attendre.

Quéniole tressaillit. Dans son ivresse, il avait

complétement oublié le chevalier qui était venu l'aider si à propos.

Aussitôt que les voyageurs furent près de lui, l'homme sauta lestement à terre et dit au chat de la mère Michel :

— Voici ton cheval et tes habits, reprends-les et rends-moi les miens.

Le chat de la mère Michel le remercia vivement, puis, l'échange fait, l'inconnu ajouta :

— Et maintenant, qu'est-ce qu'on t'a donné pour ta récompense ?

— On m'a donné, répondit l'autre, la main de la princesse Bathilde, que voici.

— C'est bien. Partageons.

Quéniole, à ces mots, devint pâle comme un mort.

— Comment ferons-nous ? balbutia-t-il. On ne peut se partager une femme ainsi qu'on se partage une pièce d'or ou un bonnier de terre.

— Pourquoi non ? répliqua l'inconnu. Nous allons la couper en deux de la tête aux pieds, et nous en prendrons chacun la moitié.

Et en parlant ainsi il tira son poignard.

— Oh ! ne faites pas cela ! s'écria le fils de la mère Michel.

— Alors je ne vois qu'un moyen pour que tu t'acquittes envers moi.

— C'est ?...

— C'est que tu m'abandonnes la demoiselle tout entière.

— Hélas! je l'aime tant! je lui ai tant juré de ne jamais la faire pleurer, et, vous voyez, la voilà qui pleure déjà!

Et, comme de grosses perles coulaient des yeux de Bathilde, Quéniole les recueillit dans sa main et les offrit à l'étranger en disant :

— Tenez, voici une fortune! Oh! je vous en supplie à genoux, n'emmenez pas ma fiancée!

L'étranger fut inflexible.

— Laissez-la retourner chez son père, et prenez-moi à sa place, dit le pauvre garçon, je serai votre esclave, et vous ferez de moi ce qu'il vous plaira.

— Non! répondit le chevalier. C'est elle que tu me dois, c'est elle que je veux.

Quéniole était un gars autrement vigoureux que l'étranger. Son regard tomba sur le poignard que celui-ci tenait à la main. L'idée lui vint de s'en saisir et de le lui plonger dans le cœur; mais sur-le-champ il rejeta bien loin cette pensée coupable.

— Vous êtes dans votre droit, murmura-t-il enfin après un violent effort. J'ai engagé ma parole, il faut que je la tienne.

Et cependant Bathilde lui disait, les yeux noyés de larmes :

— Me laisserez-vous emmener ainsi, ô mon époux?

— Je ne puis l'empêcher, répondit-il d'une voix sourde. Pardonnez-moi, ô ma fiancée! je ne comptais pas, vous le savez, sur une aussi belle récompense, et c'est pourquoi j'ai donné imprudemment ma parole. Je mourrai de l'avoir gardée, mais il faut que je la garde!

Le cœur navré, il serra Bathilde dans ses bras, puis il s'assit au pied d'un arbre, et, tandis que le chevalier emmenait la princesse, il se tint, la tête dans ses mains, comme un homme qui n'attend plus que la mort.

X

Quéniole était là depuis une heure, quand il survint une pluie qui menaçait de durer jusqu'au soir. L'infortuné se leva, remonta à cheval et continua sa route malgré la pluie, qui d'ailleurs lui faisait du bien. L'eau chéait, comme on dit chez nous, à dic et dac, et le bon Quéniole fut bientôt percé jusqu'aux os. La pauvre jument était crottée aussi dru qu'un chien barbet.

Je renonce à vous peindre la mine de verglas que fit la mère Michel, lorsqu'elle vit revenir son chat en si piteux équipage.

— Eh bien! lui cria-t-elle d'un air railleur, et cette belle récompense?

— Je l'ai reçue, répondit l'affligé Quéniole, mais je n'ai pu la garder, et, la mort dans l'âme, il conta tout ce qui lui était arrivé.

— Et, pour un cheval et un méchant harnois qu'un inconnu t'avait prêtés, tu t'es laissé, dit la mère Michel, enlever ainsi ta princesse, comme un grand niguedouille!

— Hélas! ma mère, répondit doucement Quéniole, il était dans son droit. J'avais promis, il ne restait plus qu'à tenir.

Le soir, après le souper, la mauvaise humeur de la mère Michel n'était pas encore dissipée, et, en faisant sa partie de mariage avec le père Plumecoq, elle grommelait tout bas:

— S'il y a du bon sens! avoir gagné une princesse, et revenir tout seul, crotté comme la Hollande!

XI

La pluie durait toujours. Soudain on cogna à la porte.

— Qui est là ? cria la mère Michel, qui n'attendait pas de visite à pareille heure.

— Pour l'amour de Dieu, répondit une voix, ouvrez à de pauvres voyageurs qui tombent de faim et de fatigue !

Morne et silencieux, Quéniole fumait sa pipe au coin de la cheminée. Il se leva pour aller ouvrir.

— Encore des claquedents ! cria la mère Michel, j'en ai assez : qu'ils passent leur chemin !

— Oh ! ma mère, fit Quéniole, il pleut à torrents !

Et il ouvrit.

Un homme entra couvert d'un grand manteau dont il abritait une jeune fille entièrement voilée d'une faille qui lui descendait jusqu'aux genoux ; le manteau était transpercé par la pluie.

— La malheureuse doit trembler les fièvres, dit la mère Michel, et elle aida la jeune fille à se débarrasser de son voile.

Celle-ci parut alors, vêtue d'habits magnifiques.

— La princesse ! s'écria Quéniole.

— Oui, la princesse que je ramène à son époux, reprit le chevalier, car c'était lui. Je suis l'esprit de l'homme à qui tu as donné la sépulture. Ainsi faisant, tu as montré toute la bonté de ton âme. Mais sans la justice, la bonté n'est que faiblesse : c'est pourquoi Dieu m'a renvoyé sur la terre afin de voir si tu étais aussi honnête que tu es bon. Maintenant vivez en paix et sachez que vos places sont marquées au céleste séjour.

Et, en disant ces mots, il disparut.

XII

Toute la maisonnée, y compris le père Plumecoq, partit le lendemain pour s'établir à Tournai. Le mariage eut lieu à Notre-Dame, dont les cinq clochers étaient du haut en bas enguirlandés de festons et de couronnes. Le grand saint Éloi officia et son fils Oculi servit la messe.

Le banquet nuptial fut d'une gaîté folle ; pourtant nul n'y fit autant de folies que le roi Dagobert.

Quand il eut dîné, il laissa, dit l'histoire, dîner ses chiens, et c'est au dessert que, selon la chanson, il mit sa culotte à l'envers.

Sur l'observation du grand saint Éloi, il la remit à l'endroit pour ouvrir le bal avec la mère Michel.

En homme sage, Quéniole refusa de succéder à son beau-père. Il se contenta du titre de baron, que ses descendants portent encore à cette heure. Sa femme fut si heureuse qu'elle ne versa plus une seule larme, et, depuis elle, personne, riche ou pauvre, n'eut le don de pleurer des perles. Sans cela, ce don, fatal aux riches, eût bientôt enrichi les pauvres.

Quand le roi quitta la résidence de Tournai, il y laissa les jeunes époux. Le jardinier du château étant mort, on donna sa place au père Plumecoq, afin que la mère Michel pût faire tous les soirs sa partie de mariage.

Le père Plumecoq en devint si fier que, sur ses vieux jours, il tutoyait tout le monde. Souvent il racontait l'histoire que je viens de vous dire, et, comme il ne manquait jamais de la terminer par ces mots :

« L'eusses-tu cru, compère, qu'avec son air simplot, le chat de la mère Michel aurait épousé une princesse ? » on l'appela : le compère Lustucru, et on composa la chanson :

C'est la mère Michel qui a perdu son chat,
Qui cri' par la fenêtre qu'est-c' qui lui rendra,
Et l' compèr' Lustucru qui lui a répondu :
Allez, la mèr' Michel, vot' chat n'est pas perdu.

PIERRE-JOSEPH

RÉCOLLETTE

Pierre-Joseph Récollette

I

E n'est pas moi qui critiquerai jamais les clercs de notaire de Cysoing. Les clercs de notaire de Cysoing sont en général de braves garçons qui, après avoir expédié les affaires de l'étude, s'en vont philosophiquement fumer leur pipe et boire leur chope de bière brune au café du Nord.

J'en excepte un seul, le principal clerc de Mᵉ Crochard, Pierre-Joseph Récollette, qui n'est pas philosophe et ne met point les pieds au café. Aussi, pourquoi s'est-il ingéré de prendre M. de Talleyrand pour modèle !

II

Pierre-Joseph est le fils unique d'un petit fermier de Templeuve. Le temps n'est pas loin où sa mère, — soit dit sans reproche, car il n'y a pas de mal, — venait au marché de Cysoing, le dos courbé sous sa hottée de légumes. Le curé du village, trouvant au jeune paysan un air calme et posé, se chargea de le faire entrer au séminaire.

Un double spectacle avait frappé l'enfant : d'un côté, son père vêtu d'un pantalon et d'une chemise, et suant sous un chaud soleil d'août ; — de l'autre, M. le curé, en chape et en étole dorées, dans un nuage d'encens. La comparaison décida de sa vocation.

Il travailla du matin au soir, d'arrache-pied. L'élève était lourd, mais tenace, soutenu d'ailleurs par la meilleure opinion que jamais esprit borné ait eue de soi-même. Le peu qu'il acquit lui coûta tant d'efforts que, mesurant le profit à la peine, il s'imagina avoir creusé un puits de science dans son cerveau.

Telle ne fut pas, malheureusement, l'opinion du directeur qui, un beau jour, désespérant d'en rien faire, le renvoya à sa famille. Le gars avait dix-sept ans : il entra dans l'étude de M⁰ Crochard en qualité de saute-ruisseau, aux appointements de deux cent cinquante francs par an.

Adieu les beaux rêves du séminaire! Mais pourquoi se décourager? Le sacerdoce était-il la seule carrière ouverte à son ambition? N'avait-il pas sous les yeux l'exemple de M⁰ Crochard, qui, fils d'un fermier comme lui, avait fini par acheter l'étude où, comme lui, il était entré simple petit clerc?

Au-dessus de M⁰ Crochard se dressait un personnage bien autrement imposant, le plus riche, le plus grand, le premier d'une ville qui, pour Pierre-Joseph, était tout l'univers : M. Crespel, maire de Cysoing.

Qui sait si, au lieu de marcher un jour à la procession, en étole, entre messieurs les vicaires, Pierre-Joseph n'y marchera pas, ceint de l'écharpe tricolore, entre messieurs les adjoints?

Pour en arriver là, dans une ville de trois mille âmes où tout se remarque et rien ne s'oublie, il fallait afficher une conduite exemplaire. La peur du qu'en dira-t-on? glaça la jeunesse de Pierre-Joseph : il jeta sa gourme comme les autres, mais tristement, en cachette et surtout sans jamais négliger ses devoirs religieux. A vingt-cinq ans, il eut de l'avancement et passa second clerc à soixante-quinze francs par mois. On ne le vit plus au café qu'à de longs intervalles, il prit un sous-abonnement au journal de la sous-préfecture, et y pêcha les phrases toutes faites qui devaient lui servir à parler politique.

Il consacra ses soirées à étudier le *Parfait Notaire*, et apprit le Code par cœur, incapable de le comprendre.

III

C'est alors qu'il entreprit tout de bon l'œuvre de son élévation. A force d'intrigues, il se fit nommer directeur du grand jeu de balle que la municipalité donne chaque année à la ducasse.

Les Flamands ont, pour le jeu de balle, la même passion qu'avaient jadis les Romains pour les jeux du cirque. Pendant toute la durée de la lutte, c'est-à-dire pendant deux mois, la ville entière a les yeux fixés sur le directeur, qui est d'ordinaire un homme froid, juste et éprouvé.

Pierre-Joseph remplit si bien ses fonctions, qu'il ne fut bruit dans tout Cysoing que de sa capacité.

Devinant le parti qu'il pouvait tirer du jeune ambitieux, M. le maire lui témoigna de la bienveillance. Récollette fut bientôt l'ordonnateur juré des fêtes en général et particulièrement des bals offerts par la municipalité. Bref, il se constitua le factotum de M. Crespel; il devint son ami intime le jour où il fut promu, avec quinze cents francs, au grade de maître clerc.

A partir de ce moment, une pluie d'honneurs tombe sur sa tête. Il est élu successivement membre du conseil de salubrité, du conseil municipal, de la commission des écoles et même du comice agricole.

La dignité qu'il eut le plus de peine à conquérir fut celle d'officier de la compagnie de pompiers. On lui trouvait la figure trop peu martiale et, tranchons le mot, l'air d'un séminariste : le caporal Sans-Raison s'emporta même jusqu'à dire qu'il lui faisait l'effet d'un jésuite.

IV

Mais les honneurs flattaient l'amour-propre de Pierre-Joseph sans satisfaire son ambition : ils ne devaient lui servir que de marchepied. En s'insinuant dans l'intimité de M. le maire, le drôle avait son but.

M. Crespel était affligé d'une fille laide et grincheuse. Or, pour acheter une étude, Récollette avait résolu d'épouser une dot.

Il tenta d'arriver par le père à la fille. C'était la mauvaise route ; mais la nature avare lui avait refusé ce qu'il faut pour prendre l'autre.

Vers la fin de 1847, une occasion s'offrit de rendre un grand service à M. Crespel. Il s'agissait de l'élection d'un député. Les radicaux gagnaient du terrain et M. le maire s'était déclaré hautement pour M. de Lacaberne, candidat ministériel.

Récollette bat les campagnes, rassemble les électeurs, leur bégaye une harangue, leur promet des chemins vicinaux, des bureaux de tabac et un bon dîner, les embarque dans deux omnibus et les mène à Lille voter comme un seul homme.

Le parti radical est vaincu sur toute la ligne, le candidat bien pensant l'emporte à une imposante majorité. M. Crespel reconnaissant se jette en plein café dans les bras de Récollette et lui dit, les larmes aux yeux :

— Mon cher ami, c'est entre nous désormais à la vie, à la mort ! Apprenez un grand secret : je marie dans quinze jours ma Zélie au fils de M. de Lacaberne. Vous serez de la noce.

Ce fut un coup de foudre. Pierre-Joseph comprit, trop tard, qu'il fallait en rabattre. Il frappa en vain à plusieurs portes, et, finalement, se retourna vers son village, où son habit noir, sa cravate blanche et ses besicles étaient en grande considération. Il leur dut d'épouser une de ses cousines qui lui apporta six mille francs de dot.

V

Tout à coup, la révolution de février éclate, comme la chaudière d'une machine à vapeur. Pierre-Joseph apprend la nouvelle au sortir de la messe. Il calcule rapidement qu'il a plus à gagner qu'à perdre : il prend son courage à deux mains, court à la mairie, et là, bravement, tranquillement, comme s'il accomplissait l'acte le plus simple, il acclame la République à la face des trois républicains de la veille, déconcertés de tant d'aplomb.

Il fait montre d'un si beau zèle, qu'on lui offre de le nommer maire de Cysoing en remplacement de M. Crespel, démissionnaire. Avec un désintéressement digne des temps antiques, il décline cet honneur : il préfère être élu député.

Dans les clubs, au café, dans la rue, partout il va déclamant contre le régime tombé; il en veut surtout aux jésuites, qui ont survécu à sa chute et qui perdront la France, si on n'y met ordre. Il part de là pour ânonner de verbeuses amplifications qu'émaillent les grands noms de l'ancienne Rome. C'est Brutus, Cincinnatus, Mucius Scævola ressuscités en un seul homme. Aura-t-on le cœur de laisser tant de vertus civiques s'enfouir dans l'âme d'un simple clerc de notaire ?

On a cette indignité, et c'est en vain que Pierre-Joseph pose sa candidature. Dès lors, les événements se succèdent sans qu'on lui rende justice. Il n'hésite pas pourtant à passer par toutes les nuances de l'arc-en-ciel politique. A chaque nouveau pouvoir qui apparaît à l'horizon, il s'incline et tend la main. Hélas ! rien n'y tombe. Tous les pouvoirs semblent s'être entendus pour lui dire : « Passez votre chemin, nous n'avons rien à vous donner. »

L'obstination de sa mauvaise étoile le dégoûta pour un temps de la politique.

VI

Mais soudain, quelle transfiguration ! Hosanna ! chantez, cloches et bourdons ! une brebis égarée rentre au bercail, un pécheur repentant comble le ciel de joie ! Pierre-Joseph Récollette s'est converti.

Le 12 avril 1867, jour de Pâques, devant tout Cysoing, Pierre-Joseph s'est approché de la table sainte. Il a communié dévotement, et quand, pour regagner sa place, il a traversé les deux rangs des fidèles ébahis, une divine allégresse rayonnait sur son front.

Depuis lors, trois années durant, tous les matins, à huit heures, il est sur sa porte, son paroissien sous le bras, un gros paroissien rougi sur tranche. Il pointe ses lunettes sur le clocher, dresse l'oreille, et, au premier coup de cloche, court à l'église.

Il communie tous les dimanches à la grand'-messe, et revient, les yeux baissés, à sa maison, où il passe sans doute le saint jour en prières. Du plus loin qu'il aperçoit un prêtre, porteur du viatique, il se précipite sur ses pas, en marmottant des patenôtres avec les bonnes femmes. Il entre dans la chambre du malade, s'agenouille et édifie par son recueillement la famille, qu'il ne connaît pas.

Mais c'est surtout aux processions qu'il brille par l'humilité de sa démarche et la béatitude de ses regards. Il ne tardera pas à être nommé marguillier, le seul honneur auquel il aspire désormais.

Il est déjà membre de plusieurs conférences religieuses : il consacre à ces œuvres pies le temps qu'il donnait jadis à l'organisation des plaisirs mondains.

Hosanna! Pierre-Joseph Récollette est un saint

homme, et les bonnes âmes l'applaudissent. Les autres se demandent ce qu'il veut.

VII

Ce qu'il veut, je vais vous le dire. Il n'aspire plus à devenir député, l'expérience l'a rendu modeste. Il a une place de quinze cents francs, il en veut une de deux mille, voilà tout.

M. Nortier, le futur maire de Cysoing, est un homme d'une piété sincère : Pierre-Joseph cherche à capter ses bonnes grâces.

Il veut que M. Nortier le choisisse pour secrétaire de la mairie, il veut être encore le bras droit et le conseiller intime de M. le maire, il veut mener toute la ville sous le couvert de M. le maire.

Réussira-t-il?

VIII

Non. Il s'est converti mal à propos, le vent a tourné, la République a reparu, M. Nortier n'a plus guère que la chance d'être fusillé, et Pierre-Joseph, qui ne se soucie pas d'une telle gloire, redevient libre penseur à vue d'œil.

Et il changera ainsi en vain tant que changeront les événements, car ce Machiavel au petit pied ne comprendra jamais que pour parvenir il ne suffit point d'être sans vergogne, qu'il faut encore n'être pas tout à fait un sot !

LA
MARMITE RENVERSÉE

La Marmite Renversée

I

uand j'habitais Condé-sur-l'Escaut, j'avais pour voisin un ex-soldat d'Afrique nommé Brouillard, dit l'*Africain*, qui a fait les campagnes de 1835 à 1838, et qui me contait quelquefois cette désastreuse retraite de Constantine, où les vieux grognards de l'Empire ont retrouvé toutes les misères de la retraite de Moscou.

C'était un homme fort estimé de ses concitoyens, qui l'avaient nommé officier de la garde nationale, bien qu'il eût passé trois ans dans l'infanterie légère d'Afrique. On savait comment la chose lui était arrivée.

Brouillard avait alors vingt-quatre ans; il était engagé volontaire dans le 25ᵉ de ligne. Se croyant victime d'un passe-droit, il prit son régiment en horreur et sollicita à plusieurs reprises la faveur d'être envoyé en Algérie. On la lui refusa toujours. Exaspéré par ce refus persistant, il se jura de l'emporter, dût-il passer en conseil de guerre.

On l'avait cité jusqu'alors comme un soldat modèle. Il vendit deux fois de suite ses effets de petit équipement, et obtint enfin ce qu'il désirait. Il fut dirigé sur le 1ᵉʳ bataillon d'infanterie légère, surnommé le *Zéphyr-joyeux*.

Ce bataillon, ramassis de cerveaux brûlés, se distinguait autant par son courage que par son esprit d'insubordination, et c'est de ses rangs que sortirent plus tard les Cent-vingt-trois qui se sont couverts de gloire à Mazagran.

Malgré ce coup de tête, où le goût des aventures entrait pour moitié, Brouillard était un homme intelligent, doué de cette prodigieuse mémoire qu'on rencontre souvent chez les anciens militaires, capable d'analyser ses sensations et les peignant avec une verve entraînante.

Quand il parlait de l'Afrique, son petit œil gris s'allumait, et on y lisait qu'il avait été un vrai soldat, aimant son métier et se battant *con amore*.

Je lui demandai un jour s'il avait quelquefois eu peur.

— Souvent, me dit-il. C'est à la peur que la guerre doit tout son charme. Sans la peur il n'y aurait ni mérite ni plaisir à se battre.

— Eh bien ! contez-moi dans quelle circonstance vous avez le mieux goûté le plaisir de la peur.

— Ne riez pas. J'ai eu là en dix minutes plus d'émotions que je n'en ai éprouvé dans toute ma vie, et c'est le souvenir où je m'arrête le plus volontiers.

II

C'était au mois de novembre 1836. Je faisais partie des 7,000 hommes qui marchaient sur Constantine, sous les ordres du maréchal Clauzel. Nous fûmes obligés, pour attendre des renforts, de bivouaquer huit jours à Dréan dans une plaine couverte d'asphodèles, une des plus tristes qu'il y ait au monde. L'armée ne pouvait s'approvisionner d'eau qu'à une fontaine distante de trois kilomètres.

Le premier jour, une escouade y fut surprise par les Arabes, et le lendemain, non loin de là, on trouva quatorze cadavres sans têtes. A partir de ce moment les hommes n'y allèrent plus qu'en force.

Un soir — le soir du 10 novembre — vers neuf

heures, notre escouade se pressait autour de la marmite suspendue sur un énorme feu de chêneaux. Il était tombé dans la journée une gueuse de pluie mêlée de neige qui nous avait glacés jusqu'aux os : on tâchait de se réchauffer en attendant la soupe.

La soupe commençait de bouillir, quand soudain un cheval du 3ᵉ chasseurs, qui s'était échappé, vient bousculer notre groupe et renverse à la fois le bidon et la marmite.

On devait décamper le jour suivant, et nous savions qu'il n'y avait de fontaine qu'à trente ou trente-cinq kilomètres. Il fallait donc nous passer de soupe, et peut-être que le manque d'eau allait nous forcer le lendemain de rester en arrière. Nous résolûmes d'en référer au capitaine.

Nous avions pour capitaine M. G... S... C.., le fils ou le neveu du maréchal, je ne saurais dire au juste, mais un homme énergique et qui nous serrait la bride à propos.

III

En apprenant l'accident, le capitaine se tordit la moustache, puis il nous dit :

— Mes enfants, il vous faut de la soupe pour ce

soir et de l'eau pour demain ; mais je ne trouve pas qu'afin de vous en procurer, il soit nécessaire d'exposer toute l'escouade. Que deux hommes de bonne volonté se dévouent ! Voyons, qui veut aller à la fontaine ?

Etait-ce l'effet de la pluie ou le souvenir des quatorze cadavres sans têtes ? personne ne répondit. D'ailleurs, si la guerre est un art, le soldat est un artiste, et le courage, de même que l'inspiration, a ses heures. Le capitaine fronça légèrement le sourcil.

— Ah ! la commission n'est pas de votre goût, reprit-il. J'en suis fâché, mais, comme avant tout il faut faire bouillir la marmite, vous allez tirer au sort. Le hasard choisira.

Quatorze billets blancs, dont deux marqués d'une croix, furent jetés dans un képi. J'amenai un des billets marqués, l'autre échut à un vieux soldat nommé Pernot. Je me munis immédiatement de ma cartouchière, je mis mon fusil en bandoulière, et j'empoignai le bidon.

Pernot s'apprêtait de son côté. Tout à coup il ôta sa cartouchière et son fusil, les jeta loin de lui et se rassit sur son sac en disant : Je n'irai point !

Pernot était un franc lapin, un homme solide et d'un courage à toute épreuve. J'ai retrouvé plus tard son nom parmi ceux des braves qui laissèrent leurs os à Mazagran. Le ciel lui devait cette revanche.

Son refus nous donna à tous le frisson, un frisson d'étonnement plutôt que d'indignation.

Le capitaine se mordit la lèvre.

— Vous n'irez point? dit-il en s'avançant sur Pernot.

— Non.

— Savez-vous à quoi vous vous exposez?

— Soit. Faites de moi tout ce qu'il vous plaira. Je ne veux pas être tué pour les autres.

Le capitaine était assez embarrassé. Outre qu'en campagne la discipline est forcément moins sévère, il n'y avait pas moyen d'agir sur un homme qui se résignait à tout plutôt que d'obéir.

— C'est bien! dit-il; s'il revient de l'expédition, je veux qu'on lui administre une si belle savate qu'il ne s'en relèvera pas.

— Voyons, Pernot, vas-y, lui dirent les camarades. C'est le hasard qui l'a voulu. Tu te déshonores, mon vieux.

Pernot resta impassible.

— Laissez-moi là ce poltron, s'écria le capitaine; qu'on marque un autre billet et qu'on retire!

Les hommes commençaient à murmurer. Un caporal s'approcha de moi et me dit tout bas :

— Pourquoi ne profiteriez-vous pas de l'occasion! Si tout le monde refusait, vous seriez donc obligé de marcher seul. A votre place, je réclamerais pour qu'on remît mon billet avec les autres.

Rien n'est contagieux comme la peur. Le refus de Pernot m'avait déjà ébranlé ; le conseil du caporal acheva de me démoraliser : je m'approchai du capitaine.

— Qu'est-ce encore ? dit-il d'un ton bref qui me fit trembler.

IV

Je lui exposai ma requête en balbutiant. Il ne me laissa point aller jusqu'au bout ; ses lèvres blanchirent, ses yeux lancèrent deux flammes.

— Vingt-cinq mille bombes ! s'écria-t-il. Voilà des couards qui canent en face de l'ennemi. Je mettrai demain à l'ordre du jour que le fusilier Brouillard est un lâche !

La colère me prit. En un clin d'œil, je jetai mon fusil, qui ne pouvait que m'embarrasser ; je saisis le bidon d'une main, de l'autre la marmite, et je partis seul.

Les postes avancés avaient la consigne de ne laisser sortir personne sans la permission expresse du général en chef. Or, ce n'était pas la peine de déranger le général pour une marmite renversée. D'un autre côté, rien ne semblait plus malaisé que d'échapper à la surveillance des sentinelles. J'y parvins cependant, grâce à l'obscurité.

L'air était froid, le ciel nébuleux et tristement éclairé par une lune blafarde, qui ne faisait que paraître et disparaître. Au nord, s'avançait un gros nuage noir; devant moi s'étendait une plaine couverte de broussailles qui craquaient sous mes pieds. Le chemin, quoique non tracé, n'était pas difficile à tenir : je n'avais qu'à suivre une chaîne de monticules qui couraient sur ma gauche.

Je marchais allégrement, sans autre sensation qu'un reste de colère. J'entendais derrière moi le bruit du camp, pareil à la rumeur des vagues; en me retournant, je voyais l'horizon étoilé par les feux du bivouac.

J'ai dit que la fontaine se trouvait à une demi-heure de marche. Au bout de quinze minutes, le chemin tournait brusquement; je m'engageai dans un défilé entre deux collines. Le gros nuage gagna la lune, qui se voila pour de bon, et bientôt le bruit du camp s'éteignit.

Je marchai cinq minutes presque sans y voir, et sans rien entendre que le son de mes pas et celui que rendaient quelquefois le bidon ou la marmite en heurtant contre une broussaille. J'élevais pourtant les bras aussi haut que possible, et je posais mes pieds avec toute la légèreté dont j'étais capable.

V

A ce moment il se passa en moi une chose dont je me souviendrai toujours, quand je vivrais cent ans. Youssouf-Bey formait l'avant-garde de l'armée, et le matin un de ses Bédouins avait dit devant moi qu'une des collines se nommait le *rocher du Lion,* parce que les lions la traversaient toutes les nuits pour aller boire au lac Fetzara, qui s'étend à droite.

Je réfléchis que j'étais seul, la nuit, sans armes, perdu dans un pays sauvage, exposé aux bêtes féroces et aux Arabes, plus féroces que les hyènes et les lions. Mon imagination s'exalta à un degré inouï et je crus voir luire dans l'ombre deux prunelles de feu.

J'avais eu chaud jusqu'alors, malgré la gelée, car il gelait. Il me passa une sueur froide, mes dents claquèrent, mes pieds refusèrent de marcher. J'avais cent livres de plomb à chaque pied.

Avez-vous quelquefois rêvé que votre chambre était en flammes et que vous ne pouviez sortir de votre lit? Voilà à peu près ce que j'éprouvais. Telles doivent être les angoisses d'un homme qui monte à l'échafaud.

Je m'arrêtai et voulus me raisonner : devant moi était la mort ; derrière, la honte. Je ne pouvais ni avancer ni reculer, et je n'avais pas la force de me maudire : j'étais vraiment lâche !

J'ai ressenti de terribles émotions en ma vie de soldat. A Oran, j'ai été presque asphyxié dans un silo plein d'orge ; à la retraite de Constantine, j'ai failli être abandonné au fond d'un autre silo, quand l'ennemi était à quinze pas ; au Caroubier, malade de la fièvre, je suis tombé à la mer en m'embarquant et l'on m'a repêché par la corde de mon tonnelet ; à Bône, je suis resté une heure enseveli sous les décombres de la poudrière de la Kasbah : jamais je n'ai rien éprouvé de pareil.

On m'a conté qu'un homme, à la veille d'un duel, s'est brûlé la cervelle dans un accès de terreur : si j'avais eu un pistolet, je crois que j'en aurais fait autant.

Tout à coup j'entendis un bruit sourd ; bientôt le bruit devint plus distinct, et je reconnus le galop de plusieurs chevaux. Les Arabes ! C'étaient les Arabes ! Chose singulière ! cette idée me ranima. J'avais en face de moi un danger réel et saisissable.

Je cherchai instinctivement une arme et, n'en trouvant point, je sentis que tout était fini. Je me résignai.

L'ennemi arrivait sur moi comme la foudre. Le

chemin était trop étroit pour que je pusse l'éviter, et, avec leurs yeux de chacal, les Arabes devaient infailliblement m'apercevoir.

En une seconde, par un phénomène que je ne puis m'expliquer, ma vie tout entière repassa dans mon esprit. Je me vis enfant, jouant aux barres sur la place Verte de Condé; jeune homme, attablé avec mes amis dans un estaminet; j'entendis distinctement le carillon du clocher, puis mon vieux père et ma vieille mère m'apparurent, causant au coin du feu. J'avais vingt-six ans, je les revécus en une seconde.

Cependant, après ce premier moment de trouble, j'eus l'idée de me jeter à plat ventre sur le bord de la route. Les Arabes passèrent sans prendre garde à moi.

Comme ils semblaient venir de la fontaine, je m'avisai que j'avais peut-être affaire aux Bedouins d'Youssouf-Bey. Jamais je ne les avais vus aller à l'eau en même temps que nous.

Je me relevai vivement et leur criai :

Sami? sami? ce qui dans le jargon mêlé d'arabe et d'espagnol qui nous servait à correspondre, veut dire : Etes-vous amis ?

Ils me répondirent : *Sami! sami!* et ralentirent leur course. J'étais sauvé! Je songeai à profiter de la rencontre et, pour entrer en conversation, je demandai s'il y avait de l'eau. La réponse fut affirmative.

— *Andar aqui?* dis-je alors, ce qui signifie : Voulez-vous venir avec moi?

— *Macache!* (va au diable!) me répliqua brutalement le chef, et tous disparurent.

VI

Je m'en consolai. J'étais presque sûr que l'ennemi ne rôdait pas autour de la fontaine, et puis je n'avais plus peur. Je doublai le pas et, cinq minutes après, je remplissais le bidon et la marmite. En relevant la tête, j'aperçus un cavalier arabe à dix mètres.

— Brigand! m'écriai-je, et je regrettai de ne pouvoir lui envoyer une balle. L'Arabe ne bougeait point. J'avançai sur lui et je reconnus que c'était un buisson.

Je ris de mon erreur, j'allumai ma pipe et je me remis en route. Je repassai le défilé d'un cœur aussi dégagé que si je m'étais promené sur les remparts de Condé. Pour un peu, j'aurais battu des entrechats. Le danger existait encore, mais le courage était revenu, et je me trouvais bien sot d'avoir eu une pareille venette.

En sortant du vallon, je revis les lumières du

camp, et bientôt j'entendis, mais plus faible, le bourdonnement des sept mille hommes. C'est alors que je m'avisai d'un nouveau péril auquel je n'avais pas songé. De ce côté, les sentinelles perdues avaient ordre de tirer au moindre bruit, sans crier : Qui vive !

Ce danger valait bien l'autre; il était même plus positif. J'avais pu ne pas rencontrer les Arabes ; j'étais certain de trouver les sentinelles à leur poste. Cependant je n'éprouvais aucune frayeur : je me faisais l'effet d'un écolier en maraude dans le jardin du curé; il me semblait impossible que je fusse atteint d'une balle française.

Quand je me crus à portée de fusil, je m'arrêtai et, pour prévenir de mon approche, je m'avisai de chanter la *Marseillaise*. L'expédient n'était pas maladroit. L'Arabe en marchant ne chante ni ne siffle, c'est un fait bien connu. Rien ne remua.

Je me dis que l'éclat des feux m'avait sans doute trompé sur la distance et j'avançai d'une vingtaine de mètres. Là, de toute la force de mes poumons j'entonnai le deuxième couplet ; je laissais un intervalle après chaque vers et j'écoutais.

J'en étais au refrain quand il me sembla saisir le bruit d'un fusil qu'on arme. Je n'eus que le temps de baisser la tête, je vis briller une flamme et mon képi roula à terre, percé d'une balle.

Je le ramassai et courus devant moi aussi vite

que me le permettaient le bidon et la marmite, en criant : Je suis Français ! ne tirez pas !

La sentinelle se replia sur le poste. On vint à moi, on me prit au collet et on me mena à l'officier de garde qui, après m'avoir interrogé, donna ordre de me conduire à mon bataillon.

A ma vue il n'y eut qu'un cri de joie : les camarades avaient cru que je n'en reviendrais pas : ce fut à qui m'embrasserait ; on voulait me porter en triomphe, on faillit renverser une seconde fois la marmite et le bidon.

VII

L'anecdote me valut pendant quelque temps une sorte de célébrité, mais on l'oublia bientôt dans l'effroyable retraite dont l'histoire est si peu connue et qui arrachait un jour ces paroles à notre capitaine :

— Quand vous rencontrerez quelqu'un de la retraite de Constantine, serrez-lui la main et dites : Nous sommes deux réchappés !

Comme depuis mon entrée au bataillon je n'avais pas été puni d'une heure de consigne, on m'offrit plusieurs fois de changer de corps ; mais je ne voulus pas me séparer du capitaine G... S... C.., qui nous menait toujours les premiers au combat.

J'ai pris mon congé par un coup de tête, le 3 mai 1838. J'obtins un certificat de bonne conduite, chose rare après une condamnation en conseil de guerre et trente-huit mois passés au *Zéphyr-Joyeux*. J'ai souvent regretté d'avoir quitté le service : j'aurais pu être des Cent-vingt-trois qui ont immortalisé le nom de Mazagran !

VIII

Telle fut l'histoire de mon voisin Brouillard, dit l'*Africain*, et ce ne sera pas la plus mal reçue dans une ville où l'esprit militaire se suce avec le lait, et où, l'autre jour encore, la cloche du beffroi annonçait que mon ami Prosper, qui, lui aussi, s'est engagé volontairement, venait de parvenir au grade de général.

LE
CHEVALIER AU CYGNE

Le Chevalier au Cygne

I

u temps jadis, il y avait au château de Valenciennes, autrement dit du Val-aux-Cygnes, une jeune princesse qui se nommait Béatrix et qui était l'unique héritière du royaume de Lillefort.

Or, le malheur avait voulu qu'un monarque voisin usurpât les États de Lillefort, après avoir égorgé le roi, la reine et leurs enfants. Échappée seule au massacre, Béatrix avait été recueillie par son oncle, le châtelain de Valenciennes. Malgré son nom de doux augure, la princesse n'était pas heureuse : toujours elle pensait à son royaume perdu.

« Ah! disait-elle souvent, si quelqu'un pouvait me rendre ma couronne, quel qu'il fût et d'où qu'il vînt, je l'épouserais sans même lui demander son nom. »

Dieu sait pourtant si Béatrix était curieuse!

Elle alla un jour jusqu'à consulter une sorcière, et celle-ci lui prédit qu'elle serait rétablie sur son trône par l'intervention d'un cygne.

Béatrix ne comprit pas bien comment cela se pourrait faire. Depuis lors, néanmoins, accoudée à la fenêtre de sa chambre, elle promenait sans cesse un regard avide sur la vallée toute couverte d'eau, et, lorsqu'elle voyait s'abattre au loin, dans les roseaux, un grand oiseau blanc, elle murmurait la vieille chanson qu'on chante encore dans la Flandre flamingante :

Zwane, zwane, witte plek...

Cygne, cygne, beau cygne blanc,
Quand donc passeras-tu l'étang?
— Demain, sur le coup de midi,
Quand le gazon aura verdi...

Qui chante, ses maux enchante, mais, hélas! la journée passait, le lendemain venait, midi sonnait, l'herbe verdoyait, et toujours la princesse attendait!...

II

Une nuit, aux premières blancheurs du matin, elle rêva que le cygne tant désiré s'approchait des murs du château, qu'il se changeait soudain en un beau chevalier, et qu'il lui adressait ainsi la parole :

— Si je vous rendais, ô la belle des belles, le trône de Lillefort, consentiriez-vous à m'épouser?

— J'y consentirais, répondit Béatrix, qui en ce moment pensait moins à son trône qu'à l'aimable chevalier qui venait le lui offrir.

— Et auriez-vous le courage de ne jamais vous enquérir de mon pays et de ma naissance?

— J'aurais ce courage, répondit la jeune fille.

Comme elle achevait de prononcer ces mots, Béatrix fut réveillée tout à coup par les sons lointains du cor. Elle sauta à bas de son lit, courut demi-vêtue à la fenêtre, et quelle ne fut pas sa surprise de voir, du côté où se levait le soleil, voguer vers le château six beaux cygnes ayant au cou un collier d'or!

Ils entouraient d'un air de respect un cygne plus grand qui traînait une nacelle. Dans la nacelle se tenait debout un hardi jeune homme, à la taille svelte, aux formes élégantes, en tout pareil à celui qu'elle venait de voir en rêve.

Il avait une épée d'or à la main, un cor de chasse aux épaules, et au poignet un bracelet précieux. Devant lui était son bouclier rouge à l'écu d'argent, sur lequel se croisaient huit sceptres de rois attachés entre eux par une émeraude.

— Que souhaitez-vous, beau chevalier? lui cria Béatrix.

— Votre bonheur, reine de beauté, et je viens vous rendre un trône.

— Qui êtes-vous, beau chevalier, pour tenter pareille aventure?

— On me nomme Hélias, le Chevalier au Cygne.

— D'où venez-vous et quelle est votre origine? ajouta la curieuse, oubliant déjà sa promesse.

— Celui qui m'envoie, répondit l'inconnu d'une voix grave, m'a défendu de vous le dire, et si je prends en main votre cause, c'est à la condition que vous ne me le demanderez jamais. Acceptez-vous cette condition?

— Je l'accepte, répondit vivement la jeune fille.

III

Elle acheva de s'habiller et s'en fut réveiller son oncle, qui donna l'ordre de baisser le pont, de lever la herse et d'ouvrir toutes grandes les portes du château. Lui-même, voyant l'air noble de l'étranger, alla à sa rencontre et lui fit le plus gracieux accueil.

Celui-ci, ayant pris terre avec ses cygnes, leur ôta leurs colliers d'or, et ils se transformèrent soudain en six chevaliers aux blanches armures. Seul le cygne qui traînait la nacelle s'en retourna au pays d'où il était venu.

Séduit par la vaillante mine d'Hélias, l'oncle de Béatrix lui prêta mille archers et trois cents porte-lances, cinq cents frondeurs et cent de ses meilleurs chevaliers.

A leur tête Hélias triompha sans peine de l'usurpateur et le tua de sa propre main. Il rétablit dans ses États la belle Béatrix, qui n'avait pas attendu ce haut fait pour l'aimer du plus tendre amour.

En récompense de ce service, il épousa la princesse, après quoi il remit leurs colliers d'or à ses chevaliers, qui reprirent leur première forme et s'envolèrent dans les nuages.

Jusque-là Béatrix avait su résister à sa curiosité; mais le lendemain des noces, jugeant le moment favorable, elle dit à son époux, en l'embrassant :

— Mon doux seigneur, maintenant que je suis votre femme, ne me confierez-vous point de quel pays vous êtes venu et quelle est votre origine?

— Vous m'aviez promis, ô ma bien-aimée, répondit Hélias, de ne point m'adresser cette question. Ne la renouvelez jamais, sans quoi je serais forcé de vous quitter à l'instant même. Tel est l'ordre de celui qui m'envoie.

IV

Béatrix se le tint pour dit et, malgré le mystère dont s'entourait son époux, elle n'en fut pas moins la plus heureuse des femmes.

Ce n'est pas seulement parce qu'Hélias lui avait rendu sa couronne, ni parce qu'il n'aimait qu'elle au monde, ni enfin parce qu'il était le plus vaillant et le plus beau des chevaliers; c'est qu'il semblait un être supérieur qui portait le bonheur en lui-même, et le répandait autour de lui.

Partout où on le rencontrait, l'air paraissait plus pur, le ciel plus bleu, la terre plus verte et plus riante, et c'est pourquoi on disait communément que le Chevalier au Cygne venait du paradis terrestre.

Cette parfaite félicité dura sept ans, pendant lesquels Béatrix eut trois enfants : une fille et deux garçons.

V

Un matin, en allant à la messe, Béatrix ouït deux palefreniers qui se querellaient dans l'écurie. L'un d'eux disait à l'autre, qui était étranger au pays :

— Tais-toi, fils de rien ! Tu es comme le roi Hélias : nul ne sait d'où tu viens !

La jeune reine emporta ces paroles dans sa mémoire, et son bonheur en fut troublé. « Il est bien vrai, se dit-elle, qu'Hélias est le plus beau, le plus brave et le meilleur des chevaliers. Nul époux n'est mieux fait pour rendre sa femme heureuse, mais cet homme a raison : on ne sait d'où il vient, et c'est grand' honte pour sa femme et ses enfants. »

Cette idée la tourmenta tellement, qu'un soir, la veille d'un tournoi, elle hasarda de murmurer à l'oreille de son mari :

— Encore un triomphe pour mon beau chevalier! Mais les juges du camp seront bien embarrassés, quand il faudra proclamer les noms et titres du vainqueur.

— Si je suis vainqueur, répondit-il, les juges du camp proclameront Hélias, roi de Lillefort. Ce nom et ce titre leur suffiront. Entendez-vous ces cris? ce sont les cris de mes cygnes qui passent là-haut et qui m'appellent. Encore une question pareille, ô ma bien-aimée, et je serai obligé de les suivre !

Hélias prononça ces mots avec un tel accent de tristesse et de reproche, que Béatrix n'osa plus revenir sur ce sujet. Sa curiosité n'en était pourtant ni moins vive, ni moins ardente, et elle chercha par un autre moyen à savoir le fatal secret.

« Si je l'apprends sans qu'il me le dise, pensait-elle, Hélias, du moins, ne sera pas forcé de me quitter. »

Elle fit venir la vieille sorcière, dont la prédiction s'était si bien accomplie, et elle la consulta en cachette.

— Mon art ne va pas, répondit celle-ci, jusqu'à découvrir ce qu'on vous cèle ; mais priez les cygnes de le demander à ceux qui ont amené votre époux, et peut-être vous le diront-ils.

— Comment ferai-je, dit Béatrix, si j'ignore le langage des oiseaux ?

— Prenez cette bague de cuivre où est enchatonnée une perle de rose. Chaque fois que vous tournerez le chaton en dedans, vous comprendrez le langage des oiseaux; vous pourrez leur parler et ils vous répondront.

Béatrix prit la bague en échange, donna à la sorcière une grosse somme d'or.

VI

Quand vint la saison où les loups vivent de vent, elle guetta le passage des cygnes et leur cria :

— Blancs oiseaux, qui volez par les nues, n'avez-vous point vu six beaux cygnes, blancs comme vous, et portant des colliers d'or ?

— Nous ne les avons point vus, répondirent-ils, mais attendez qu'il fasse moins froid et que nous revolions au pays des neiges, nous chercherons les cygnes aux colliers d'or.

— Vous leur demanderez, reprit Béatrix, d'où est venu Hélias, mon époux, et quelle est son origine.

— A notre retour, nous vous le dirons, répondirent les cygnes.

Béatrix n'eut de joie qu'alors que le coucou commença de s'enrouer. Les cygnes revinrent enfin et déclarèrent qu'ils n'avaient point vu leurs frères aux colliers d'or.

Alors elle interrogea tour à tour les grues, les oies et les canards sauvages ; et les grues, les oies et les canards lui firent la même réponse.

Béatrix, désolée, consulta de nouveau la sorcière. Celle-ci réfléchit un instant, puis elle lui dit :

— De quel côté venait Hélias, quand il vous a apparu pour la première fois ?

— Du côté du soleil levant.

— En ce cas, ce ne sont point les cygnes, ce sont les cigognes qu'il faut interroger.

Béatrix pria les cigognes de chercher les cygnes aux colliers d'or, mais elles revinrent au printemps sans les avoir trouvés. Elle s'adressa alors aux hirondelles, aux loriots, aux rossignols, aux cailles et aux ortolans, mais ils ne purent lui donner aucune nouvelle des cygnes aux colliers d'or.

Ils promirent d'interroger leurs frères ailés des contrées lointaines, et ceux-ci questionnèrent les quadrupèdes et les poissons, qui questionnèrent les arbres et les rochers, les sables des déserts et les sables de la mer. Et il n'y eut bientôt plus dans toute la nature une créature animée ou inanimée qui ne fût en peine des cygnes aux colliers d'or.

VII

L'ennui de la reine devint pour les oiseaux du monde entier un perpétuel sujet d'entretien, et jamais elle ne se promenait dans les bois, sans les entendre causer entre eux de son chagrin.

— Pauvre reine! disait la tourterelle. Quel intérêt son époux peut-il avoir à lui cacher son origine? S'il vient, comme tout porte à le croire, du paradis terrestre, que ne l'emmène-t-il dans ces lieux enchantés?

— Rougit-il de sa femme, ajoutait le bouvreuil, et craint-il de la faire connaître aux siens?

— Ou serait-ce, reprenait l'agace, qu'il a commis en son pays quelque méchante action qu'il veut tenir secrète?

— Serait-il marié, par hasard, s'écriait la corneille, et aurait-il là-bas une autre épouse?...

Ces paroles empoisonnées tombaient goutte à goutte sur le cœur de la reine. Elle aurait pu s'y soustraire en tournant en dehors le chaton de sa bague, mais elle n'en avait pas le courage.

Bientôt poursuivie, harcelée, exaspérée par cette éternelle condoléance, Béatrix n'eut plus qu'un souhait, qu'une idée, qu'un but au monde : savoir qui était et d'où venait son époux.

Ce désir inassouvi fit en elle de tels ravages qu'elle tomba dans une langueur mortelle. Ne sachant à quelle cause attribuer son dépérissement, les médecins ordonnèrent que, pour la changer d'air, on la ramenât au château de Valenciennes.

Le roi l'y conduisit avec ses enfants.

VIII

Un matin que Béatrix était dans sa chambre auprès d'Hélias, elle s'accouda à la fenêtre et se prit à contempler le val aux cygnes.

Elle songeait tristement qu'à pareil jour, treize ans auparavant, il était arrivé par là l'inconnu qu'elle avait accepté pour maître et seigneur, et la vieille chanson lui revenait en mémoire :

Cygne, cygne, beau cygne blanc,
Quand donc passeras-tu l'étang ?...

Tout à coup, sa fille entra et lui dit :

— Mère, est-ce vrai, ce qu'on raconte, que mon

père est arrivé chez nous dans une nacelle traînée par un cygne ?

— C'est vrai, ma fille.

— D'où venait-il ?

Au lieu d'ordonner à l'enfant de se taire, Béatrix répondit vivement :

— Demande-le-lui.

Et l'enfant le demanda à son père.

Hélias lui imposa silence ; mais Béatrix, à bout de patience, se tourna vers lui et dit aigrement :

— Il est fâcheux que jamais vous n'ayez voulu me faire connaître votre pays et votre naissance. Ne les direz-vous pas, du moins, à vos enfants ?

— Je t'avais prévenue, pauvre femme, répondit Hélias d'une voix triste, et, malgré tout, tu as succombé ! Tourne-toi et regarde.

IX

Béatrix effrayée se tourna et regarda par la fenêtre.

Elle vit, comme à pareil jour elle les avait vus treize ans auparavant, du côté où se levait le soleil, sur la vallée inondée, six beaux cygnes blancs, ayant un collier d'or au cou.

Ils escortaient un cygne plus grand qui traînait

une nacelle vide. A cette vue, Béatrix pâlit et se jeta en pleurant dans les bras d'Hélias.

— Malheureuse que je suis! s'écria-t-elle. Pour n'avoir pas su résister à ma sotte curiosité, vais-je donc perdre tout mon bonheur! Oh! je t'en supplie, ne me quitte pas, mon époux adoré!

— Il le faut! répondit Hélias, et pâle, mais le cœur ferme, il se fit apporter son bouclier rouge à l'écu d'argent, son épée d'or, son cor de chasse et son bracelet.

Il donna l'épée d'or à son fils aîné, le cor de chasse au cadet, et le bracelet à sa fille. Ensuite, il embrassa une dernière fois sa femme et ses enfants et, malgré leur désespoir, il descendit vers les cygnes, qui battaient des ailes.

Arrivé près d'eux, il monta dans la nacelle, et, toujours fixant sur les siens un long et triste regard, il s'éloigna lentement, lentement, et disparut à l'horizon avec sa flotte de cygnes.

X

C'est ainsi qu'il partit, et il ne revint pas.

Sa femme l'attendit un an, l'attendit dix ans, l'attendit vingt ans, espérant toujours qu'il reviendrait, et il ne revint plus jamais. Et les blondes filles de la Flandre l'attendent encore, et aussi l'attendent les filles de l'Allemagne et celles de l'Angleterre, et celles du monde entier, mais en vain!

C'est le beau prince enchanté que rêvent les têtes de seize ans, et qui doit toujours venir du pays du soleil. Une seule femme l'a possédé, et elle n'a pas su le garder, et c'est pourquoi il ne reviendra plus, Hélias, le Chevalier au Cygne!

LE MOT

DE CAMBRONNE

Le Mot de Cambronne

es articles suivants ont paru dans le journal hebdomadaire *l'Esprit public* :

I

20 *juin* 1862. — Tout le monde sait que dans le chapitre des *Misérables* intitulé : *Le Dernier Carré*, Victor Hugo a terminé la vertigineuse description de la bataille de Waterloo par un mot

que Cambronne a trouvé, dit-il, comme Rouget de l'Isle a trouvé la *Marseillaise,* « par visitation du souffle d'en haut. »

C'est, je crois, la première fois que ce mot se rencontre sous la plume d'un grand écrivain, depuis le jour où Voltaire, empruntant la langue de Rabelais, traita de l'influence de certaine disposition physique sur l'humeur d'un homme d'État.

A-t-il été prononcé, ce fameux mot, et doit-on le substituer définitivement à la phrase célèbre : « *La garde meurt et ne se rend pas* » ? Curieuse question qui ne me paraît pas tout à fait résolue par l'affirmation de Victor Hugo.

Peu d'hommes ont eu, comme Cambronne, le bonheur de survivre au dernier carré, et on doute qu'il en reste aujourd'hui. J'en connais un. Il s'appelle Antoine Deleau et habite le village de Vicq, canton de Condé, arrondissement de Valenciennes (Nord). C'est un honnête et intelligent cultivateur, adjoint au maire de sa commune, et qui n'est nullement décoré.

A l'époque de la bataille de Waterloo, il était âgé de 23 à 24 ans, car il ne faut pas oublier qu'au retour de l'île d'Elbe, l'Empereur avait comblé les vides de la vieille garde avec les soldats de la jeune, et qu'il se trouvait des grognards de 24 ans parmi les braves qui ne voulurent pas survivre à la suprême défaite.

Antoine Deleau ne compte que quelques années de service, mais elles ont été bien remplies, et il n'y a guère de soldats qui aient vu de si près et en si peu de temps de si grandes choses.

Il était à trente pas de Poniatowski, quand l'infortuné prince disparut dans l'Elster en criant : « Dieu m'a confié l'honneur des Polonais, je ne le remettrai qu'à Dieu ! » — à cinq pas du général Petit, lorsque Napoléon, en partant pour l'île d'Elbe, fit ses adieux à sa garde ; — enfin, à dix pas de Cambronne, quand ce dernier prononça la sublime phrase qu'on prétend qu'il n'a pas prononcée. Or, voici ce que m'a conté bien des fois Antoine Deleau :

« J'étais au premier rang, avantage que je devais à ma grande taille. L'artillerie anglaise nous foudroyait, et nous répondions à chaque décharge par une fusillade de moins en moins nourrie.

« Entre deux décharges, le général anglais nous cria : « Grenadiers, rendez-vous ! » Le général Cambronne répondit (je l'ai parfaitement entendu) : *« La garde meurt et ne se rend pas ! »*

« — Feu ! » fit le général anglais.

« Nous reformâmes le carré et nous ripostâmes avec nos fusils. « Grenadiers, rendez-vous ! vous serez traités comme les premiers soldats du monde ! » reprit d'une voix triste le général anglais.

« — *La garde meurt et ne se rend pas!* » répondit

Cambronne, et sur toute la ligne les officiers et les soldats répétèrent : « *La garde meurt et ne se rend pas!* » Je fis comme les autres.

« Nous essuyâmes une nouvelle décharge, et nous y répondîmes de notre mieux. « Rendez-vous, grenadiers, rendez-vous ! » nous crièrent en masse les Anglais, qui nous enveloppaient de toutes parts. C'est alors que, fou d'impatience et de colère, Cambronne lâcha le mot que vous savez. C'est le dernier que j'entendis, car je reçus dans mon colback un boulet qui m'étendit sans connaissance sur un tas de cadavres. »

Je regrette que ce récit dérange un peu la superbe description de Victor Hugo, mais je n'ai pas lieu de suspecter la bonne foi de mon vieil ami. C'est un brave homme qui ne conte ses campagnes que quand on l'en prie bien fort, et qui se met le moins possible en scène.

On m'objecte que « *la garde meurt et ne se rend pas!* » est une phrase à effet, trop bien faite, ou, si vous le voulez, trop bien venue pour un esprit rude et peu cultivé comme celui de Cambronne. J'avoue que je ne suis pas de cet avis. La phrase de Cambronne est sublime précisément parce qu'elle est aussi simple par l'expression qu'elle est grande par l'idée.

II

4 juillet 1862. — Dans notre *Courrier* du 20 juin, à propos du fameux mot attribué à Cambronne, nous avons cité le témoignage d'un des rares survivants de la bataille de Waterloo.

Un rédacteur du *Journal des Débats,* M. Cuvillier-Fleury, a publié deux jours après un article intitulé : *le Mot de Cambronne,* où il réfute l'opinion de Victor Hugo. Dans le numéro suivant, il a reproduit notre récit comme preuve de fait à l'appui de son argumentation.

Le *Journal des Débats* est d'avis qu'on devrait réunir une commission de généraux français et interroger Antoine Deleau. Nous trouvons comme lui que ce fait historique vaut la peine d'être éclairci de façon qu'on n'ait plus à y revenir.

En voyant l'importance qu'acquérait la question, nous n'avons rien voulu laisser au hasard. Il y a quelque dix ans qu'Antoine Deleau nous a raconté l'histoire du dernier carré, et notre mémoire pouvait avoir été mise en défaut.

Nous avons fait prendre près de lui de nouveaux renseignements. Il a confirmé et est tout prêt à signer l'exactitude de notre récit, sauf un point que nous devons à la vérité de rectifier.

Antoine Deleau a parfaitement entendu le général Cambronne s'écrier à plusieurs reprises : « *La garde meurt et ne se rend pas!* » Sur toute la ligne les officiers et les soldats ont répété la phrase sublime, et lui-même l'a répétée comme les autres. Il n'a pas entendu le général proférer le mot cynique que lui prête l'auteur des *Misérables*.

N'en déplaise à Victor Hugo, « la garde meurt et ne se rend pas ! » est, comme nous l'avons déjà dit, le vrai mot historique, le seul qu'il faudrait regretter que Cambronne n'eût pas prononcé. L'autre n'est qu'une banale grossièreté que peut répondre tout soldat, homme de cœur, mais mal embouché, qu'on somme de se rendre.

III

Dans son *Courrier de Paris* du *Monde illustré*, M. Jules Lecomte prétend qu'au cas d'une enquête, il sera bon d'interroger le fils du général Michel, actuellement préfet de la Charente, « lequel a revendiqué pour son glorieux père la fameuse phrase sur la garde. »

La réclamation de M. le préfet de la Charente ne s'est pas fait attendre, et voici la lettre qu'il adresse au rédacteur en chef de l'*Esprit public* :

Angoulême, le 1er juillet 1862.

Monsieur le rédacteur en chef,

Je lis dans un des derniers numéros de l'*Esprit public*, dans un article signé Charles Deulin, qu'un nommé Antoine Deleau, ancien grenadier de la vieille garde, aurait déclaré avoir entendu le général Cambronne, entouré d'ennemis, s'écrier : *La garde meurt et ne se rend pas!*

Je suis trop fier de la gloire de mon père pour laisser passer sans y répondre une pareille affirmation, et pour ne pas hautement revendiquer pour le général comte Michel l'honneur d'avoir prononcé ces sublimes paroles (et non d'autres) sur le champ de bataille de Waterloo.

Je viens donc, monsieur le rédacteur en chef, faire appel à votre loyale impartialité, et vous prier de vouloir bien faire insérer dans un des plus prochains numéros de votre journal, les trois déclarations que j'oppose à celle de M. Deleau.

Je prends ces témoignages parmi beaucoup d'autres produits officiellement dans une requête que mon frère, le lieutenant-colonel Michel et moi, avons adressée, en 1845, au conseil d'État lors de l'érection de la statue du général Cambronne à Nantes.

La première de ces déclarations émane de M. Magnant, lieutenant-colonel en retraite à Vernon (Eure), et se trouve dans une lettre adressée à M. le général baron Harlet :

« Mon général, au reçu de votre lettre, je m'empresse
« de vous mettre à même de répondre de suite à ma-
« dame la comtesse Michel ; vous pouvez assurer à
« cette dame qu'étant en garnison à Lille (en 1821), où
« commandait alors le général Cambronne, je le com-
« plimentai sur les sublimes paroles qu'on disait qu'il
« avait prononcées sur le champ de bataille de Water-
« loo : il affirma ne les avoir jamais prononcées ni en-
« tendues ; que sûrement elles avaient été dites par un
« autre de ses camarades ; qu'il voudrait le connaître
« pour lui faire rendre l'honneur qu'elles devaient lui
« mériter. »

La deuxième est une lettre de M. le maire de la ville de Nantes, à M. le préfet de la Loire-Inférieure :

« Le général, dont chacun connaît la simplicité an-
« tique et l'extrême modestie, s'est toujours défendu
« personnellement d'avoir prononcé ces paroles, à la
« vérité disant que c'était le cri de l'armée tout entière ;
« mais sans que jamais, dans ses épanchements les plus
« intimes, il eût proféré le nom du général Michel ou
« de tout autre. »

La troisième déclaration enfin est du général Bertrand, qui ne lui a pas donné la forme d'une lettre, mais l'a consignée sur une pierre détachée du tombeau de l'Empereur à Sainte-Hélène.

Le général y a écrit :

« A la comtesse Michel, veuve du général Michel, tué

« à Waterloo, où il répondit aux sommations de l'en-
« nemi par ces paroles sublimes :
« *La garde meurt et ne se rend pas.* »

« Signé BERTRAND. »

Veuillez agréer, monsieur le rédacteur en chef, avec tous mes remercîments à l'avance, l'assurance de ma haute considération.

Comte MICHEL,
Préfet de la Charente.

Nous comprenons et nous approuvons de tout cœur le sentiment filial qui a guidé M. le comte Michel ; et, dans l'intérêt même de la mémoire de son glorieux père, nous persistons à demander une enquête.

Il peut se faire, à la rigueur, qu'Antoine Deleau, âgé alors de 23 ans, se soit trompé et ait pris, dans la mêlée, un général pour l'autre ; mais M. le lieutenant-colonel Magnant, pas plus que M. le maire de Nantes, ni même le général Bertrand ne sont présentés par M. le préfet de la Charente comme ayant fait partie du dernier carré de la garde.

Leurs dépositions ne peuvent infirmer de prime abord celle d'Antoine Deleau, témoin oculaire et auriculaire. Il faut donc, nous le répétons, qu'il soit dûment, et une fois pour toutes, examiné si le mot a été prononcé par le général Michel ou par le général Cambronne.

Il sortira de cette enquête un fait plus considérable et d'un intérêt plus général, c'est que ce mot est le seul authentique, et qu'il suffit à la gloire du dernier carré, sans qu'il soit besoin, quoi qu'en pense Victor Hugo, *de déposer du sublime dans l'histoire.*

« C'était le cri de l'armée entière », a dit Cambronne au maire de Nantes; « je l'ai entendu et « répété, » affirme de son côté Antoine Deleau. Si on ne parvient pas à décider qui l'a prononcé le premier, — au lieu d'être simplement le cri du général Michel ou du général Cambronne, ce sera le dernier cri de la vieille garde tout entière, et la France n'y perdra rien !

IV

11 *juillet* 1862. — Le gouvernement s'est ému de la juste réclamation que nous lui avons adressée. Il n'a pas voulu laisser dans le doute un des faits les plus glorieux du premier Empire, et, le 30 juin dernier, M. Antoine Deleau, ex-grenadier de la vieille garde, 2ᵉ régiment, a été mandé, par dépêche télégraphique, à la préfecture de Lille, pour y déposer de ce qu'il savait sur la

phrase mémorable attribuée au général Cambronne.

Là, en présence de M. le maréchal de Mac-Mahon, duc de Magenta; de M. Vallon, préfet du Nord; de M. le général Maissiat, commandant la 3ᵉ division militaire, et de plusieurs autres officiers supérieurs, le brave grenadier de la garde *a maintenu sa version première*. Procès-verbal a été rédigé en ce sens et expédié immédiatement à Paris.

Nous recevons d'Antoine Deleau la lettre suivante, qui, dans sa forme naïve, peindra mieux que nous ne saurions le faire l'interrogatoire du vieux soldat de 1815 par les généraux de 1862.

Vicq, le 5 juillet 1862.

Cher monsieur Deulin,

Je vous écris pour vous remercier du journal l'*Esprit public*, que vous avez été assez bon de m'envoyer, et où vous avez imprimé ce que je vous ai raconté, dans le temps, du général Cambronne.

Vous n'êtes sans doute pas ignorant de ce qui s'est passé, mais comme c'est à vous que je le dois, c'est bien le moins que je vous le raconte moi-même.

Dimanche, un gendarme de Valenciennes est arrivé chez M. le maire avec une lettre de M. le préfet, m'invitant à passer à son cabinet le lendemain à midi.

Le lendemain, je suis parti pour Lille avec Jean-Pierre, mon fils. Je me suis présenté à la porte de la préfecture, j'ai montré ma lettre et on m'a fait entrer.

M. le préfet arriva et me dit : « Soyez le bienvenu,

monsieur Deleau. Je vous ai fait appeler pour entendre de votre bouche ce que le journal a raconté. »

J'ai conté alors l'affaire comme elle est arrivée, et M. le préfet m'a conduit auprès de S. Exc. M. le maréchal de Mac-Mahon, qui m'a reçu en compagnon d'armes.

« Venez, mon brave, a-t-il dit, que je vous serre la main, et que je vous entende raconter votre histoire. »

Je fus un peu intimidé, car il y avait là des généraux et des secrétaires qui écrivaient mes paroles ; mais j'ai conté tout de même l'affaire comme elle s'est passée. Quand j'ai eu terminé, M. le maréchal m'a frappé sur la poitrine, en disant :

« Napoléon est toujours là-dedans, n'est-ce pas, mon brave ? »

Je vous avoue, cher monsieur Deulin, que je n'ai pas pu y résister, et qu'en voyant tout l'honneur qu'on me rendait, les larmes ont coulé de mes yeux.

Alors, M. le maréchal et M. le préfet m'ont embrassé ; ils m'ont demandé ce que j'avais pour vivre. J'ai répondu que nous avions sacrifié le peu que nous avions pour établir les enfants ; ils m'ont assuré qu'on ne nous laissera jamais manquer de rien. Ensuite ils m'ont demandé ce que je voulais pour ma récompense, d'une pension ou de la croix. J'ai répondu : « Ce que vous voudrez, messieurs, » et je suis sorti.

J'ai rencontré à la porte Jean-Pierre, qui m'attendait, et je lui ai tout conté. « Il faut retourner, mon père, m'a-t-il dit, et dites que c'est la croix que vous désirez. »

J'ai suivi le conseil de mon garçon, et je suis retourné dire à ces messieurs que j'avais fait réflexion, et que je préférais la croix. « C'est bien, mon brave, c'est très-bien ; soyez tranquille, tout ira pour le mieux. »

Avant-hier, on m'a apporté à signer le procès-verbal de ma déposition. J'en ai fait tirer une copie et je vous l'envoie avec cette lettre.

Tout le village est dans la joie, et ils me chargent de vous remercier, à cause de l'intérêt qu'ils me portent. M. le maire doit donner une fête le jour où on me remettra la croix.

Voilà, cher monsieur Deulin, ce qui m'arrive grâce à votre journal. Je vous en remercie de tout mon cœur, ainsi que ma femme et mes enfants, et je vous prie de me croire votre serviteur et ami,

Antoine Deleau,
Grenadier de la vieille garde,
2e régiment.

P. S. Je vois dans l'*Esprit public* d'aujourd'hui que M. le préfet de la Charente réclame pour son père d'avoir dit la même chose que le général Cambronne. Il peut bien avoir crié aussi, car les officiers et les soldats ont répété le cri du général Cambronne sur toute la ligne, ainsi que je l'ai dit.

V

Nous croyons être agréable à nos lecteurs en leur donnant la teneur du procès-verbal dont la copie était jointe à cette lettre, et qui se trouve au *Moniteur* du 8 juillet. Ils y verront que la déposition d'Antoine Deleau a été en tout conforme à notre récit, sauf le détail que nous avons rectifié.

PRÉFECTURE DU NORD.

Nous, préfet du Nord, etc.

Une publication récente du journal hebdomadaire l'*Esprit public*, insérée dans plusieurs journaux, relatant que le sieur Deleau (Antoine-Joseph), adjoint au maire de la commune de Vicq, canton de Condé, arrondissement de Valenciennes, département du Nord, ancien soldat de la garde impériale, avait conservé notion certaine du fait mémorable auquel il a pris part à la bataille de Waterloo et des paroles attribuées à Cambronne, et S. Exc. M. le ministre de l'intérieur nous ayant chargé, par lettre du 27 juin courant, d'approfondir la question, nous avons fait appeler ledit sieur Deleau, né à Vicq, le 2 avril 1792, et, aujourd'hui encore, adjoint au maire de ladite commune de Vicq.

Ses souvenirs militaires ont paru être, en effet, de la

plus grande précision et empreints d'autant de calme que de bonne foi.

Nous avons prié le sieur Deleau de venir avec nous dans le cabinet de S. Exc. M. le maréchal de Mac-Mahon, duc de Magenta, à son quartier général, à Lille, où étaient M. le général de division Maissiat, commandant la 3ᵉ division militaire, et M. le colonel d'état-major Borel, premier aide de camp de S. Exc. le maréchal.

Le sieur Deleau s'est exprimé en ces termes :

« J'étais à Waterloo dans le carré de la garde, au premier rang, en raison de ma grande taille ; j'appartenais à la jeune garde, n'ayant encore que vingt-trois ans, mais on sait que la jeune garde avait été appelée à combler alors les cadres de la vieille. L'artillerie anglaise nous foudroyait, et nous répondions à chaque décharge par une fusillade de moins en moins nourrie.

« Entre deux décharges, le général anglais nous cria : « Grenadiers, rendez-vous ! » Le général Cambronne répondit (je l'ai parfaitement entendu, ainsi que tous mes camarades) : « *La garde meurt et ne se rend pas !* »

« — Feu ! dit immédiatement le général anglais.

« Nous serrâmes le carré et nous ripostâmes avec nos fusils. — « Grenadiers, rendez-vous, vous serez traités « comme les premiers soldats du monde ! » reprit d'une voix affectée le général anglais. — « *La garde meurt et ne se rend pas !* » répondit encore Cambronne, et, sur toute la ligne, les officiers et les soldats répétèrent avec lui : « *La garde meurt et ne se rend pas !* » Je me souviens parfaitement de l'avoir dit comme les autres.

« Nous essuyâmes une nouvelle décharge et nous y répondîmes par la nôtre. « Rendez-vous, grenadiers, rendez-vous! » crièrent en masse les Anglais, qui nous enveloppaient de tous côtés. Cambronne répondit à cette dernière sommation par un geste de colère, accompagné de paroles que je n'entendis plus, atteint en ce moment d'un boulet qui m'enleva mon bonnet à poil et me renversa sur un tas de cadavres.

« Je déclare donc avoir entendu prononcer par le général Cambronne, à deux reprises : *La garde meurt et ne se rend pas!* » et ne lui avoir pas entendu dire autre chose. »

Cette précision circonstanciée de souvenirs au sujet d'un fait historique de haute importance et le caractère honorable du témoin nous ont déterminé, en conséquence, à rédiger le présent procès-verbal, que ledit sieur Deleau a signé avec nous.

A Lille, le trente juin mil huit cent soixante-deux.

DELEAU (Ant.),
Grenadier de la vieille garde (2ᵉ régiment).

Le maréchal de France commandant le 2ᵉ corps d'armée,
Maréchal DE MAC-MAHON, duc DE MAGENTA.

Le préfet du Nord,
VALLON.

Le général de division commandant la 3ᵉ division militaire,
AD. MAISSIAT.

Le colonel d'état-major, aide de camp,
BOREL.

VI

On lit dans le *Moniteur* de ce jour (12 juillet 1862) :

« Par décret impérial, rendu sur la proposition du ministre de l'intérieur, M. Deleau (Antoine-Joseph), adjoint au maire de Vicq (Nord), ancien soldat de la garde impériale, a été nommé chevalier de la Légion d'honneur.

VII

Au moment de mettre le journal sous presse, nous recevons de M. Victor Hugo la lettre suivante :

« *A M.* Charles Deulin, *rédacteur au journal* l'Esprit public.

« Hauteville-House, 6 juillet.

« Monsieur,

« Je ne sais si c'est à vous-même que je dois l'envoi du numéro de l'*Esprit public* du 20 juin. J'y lis un article excellent et bienveillant signé de vous. Trouvez bon que je vous remercie et de l'article et de l'envoi. Vous intervenez dans la question soulevée à propos de Cambronne, et votre témoignage donne, en termes charmants, raison à tout le monde. On ne peut plus spirituellement résoudre une difficulté historique. Je persiste, quant à moi, à croire qu'un seul mot a été prononcé, mais je serais bien fâché que votre page, à vous, n'eût pas été écrite. C'est par la cordialité que je réponds à la cordialité, et je vous envoie, monsieur, mon plus affectueux serrement de main.

« Victor Hugo. »

VIII

Enfin le 18 juillet, nous écrivions ce dernier mot sur le *Mot de Cambronne* :

La modestie qui, — comme chacun sait, — est le propre des auteurs, m'aurait empêché de publier la lettre infiniment trop flatteuse de Victor Hugo, si elle ne contenait un fait que la loyauté m'obligeait à constater.

Donc, Victor Hugo *persiste à croire qu'un seul mot, — le sien, — a été prononcé à Waterloo.* Bien que le débat soit clos par le décret qui nomme

Antoine Deleau chevalier de la Légion d'honneur, je regrette qu'il n'ait pas donné ses raisons.

Ce que depuis un mois on a écrit d'articles à ce sujet est vraiment incroyable, et je ne me serais jamais imaginé que ce lièvre, levé bien innocemment par votre serviteur, aurait fait un si beau chemin.

Les petits journaux s'en sont mêlés, comme il est juste, mais je n'y ai rien lu de si plaisant que le début d'un article publié par M. Théodore Anne, dans l'*Union*.

M. Théodore Anne y raconte sérieusement qu'un nommé Deleau, ancien grenadier de la garde, a inséré, dans une feuille parisienne, un récit de la bataille de Waterloo. Que voilà donc les lecteurs de l'*Union* bien informés! Ils savent maintenant, à n'en pouvoir douter, que le *Courrier de Paris* de l'*Esprit public* est rédigé par un ancien grenadier de la vieille garde!

Dussé-je passer pour un grognard aux yeux des lecteurs de l'*Union*, je confesse que je ne me repens pas d'avoir écrit ces quelques lignes. Elles ont servi à établir un fait historique et à faire donner à mon brave ami une croix qu'il avait méritée jadis, et sur laquelle il ne comptait plus.

D'un autre côté, si mon vieux soldat a eu l'honneur d'être serré dans les bras d'un maréchal de France, ce n'est pas sans orgueil que, simple conscrit du journalisme, j'ai reçu la poignée de main du plus illustre de nos maréchaux de lettres.

Je n'avais pas envoyé mon article du 20 juin à Victor Hugo, ne pensant point qu'il valût la peine de passer sous ses yeux, mais grâce à l'ami inconnu qui s'est chargé de ce soin, je n'ai rien à envier à Antoine Deleau.

IX

Et maintenant, pour finir, un trait de comédie où la petite ville se peint tout entière.

Au mois d'octobre suivant, dans un concours agricole, la croix de la Légion d'honneur fut remise en grande pompe à Antoine Deleau sur la place Verte de Condé. La cérémonie fut fort belle et M. le juge de paix y prononça un long discours. On avait invité toutes les « notabilités » du canton. On n'oublia qu'une seule personne : celle qui a écrit ces lignes et qui, en ce moment même, se trouvait à Condé.

LA BRETÈQUE

DU DIABLE

La Bretèque du Diable

I

LORS, selon vous, le diable existe encore?
— J'ai connu un pharmacien et, qui plus est, un médecin à qui il a fait une peur affreuse.
— Allons donc!..
— Le pharmacien avait une réputation d'homme terrible, et le médecin, comme beaucoup de ses confrères, se vantait de ne croire à rien... qu'au témoignage de ses sens.
— Comment cela s'est-il passé? Est-ce une histoire amusante?
— C'est une histoire vraie.

— Contez-la-nous.

— Elle est arrivée à Mons, il y a une quinzaine d'années. La Belgique, qu'on cite comme un des pays les plus avancés de l'Europe, n'est pas aussi débarrassée des superstitions qu'on pourrait se le figurer. Il est probable qu'au dix-huitième siècle, dans le Hainaut, on brûlait encore des sorcières.

A Valenciennes, grâce à l'influence française, le dernier procès de *sorcierie*, celui d'Antoinette Millecamp, eut lieu en 1762; mais à Mons, qui resta soumis à la domination espagnole pour subir ensuite celle de l'Autriche, ce genre de procédure ne dut être aboli que longtemps après.

Vous savez qu'au-delà des Pyrénées, aussi bien que de l'autre côté du Rhin, ce fut seulement au milieu du dix-huitième siècle que s'éteignirent définitivement les bûchers.

Il suffit, d'ailleurs, d'avoir vu, dans les églises du Borinage, les femmes du peuple à genoux, en extase, les bras tendus vers l'autel, pour comprendre que ces bonnes gens croient au diable autant et plus qu'à Dieu.

Or, vers 1860, on remarquait à Mons, sur une petite place, au bas du faubourg de la Borgne-Agasse, une antique maison qui avait un faux air de château renaissance. Surmontée de quatre tourelles, elle était crénelée, breteschée, comme on disait jadis, et c'est pourquoi on l'appelait la *Bre-*

tèque, le château. Les vastes dimensions de ses pièces justifiaient, du reste, autant que son aspect extérieur, la dénomination de château.

Cette maison avait sa légende et on contait qu'il s'y était passé dans le temps un événement fort extraordinaire. La fille d'un des anciens propriétaires s'était fait enlever par un jeune peintre qui n'avait d'autre fortune que son talent. Le père ayant refusé d'unir les amoureux, la demoiselle avait peu après épousé un officier étranger.

Les époux vinrent l'année suivante en visite à la Bretèque et, un beau matin, on trouva l'officier mort dans son lit. Quant à sa femme, elle avait disparu.

L'imagination locale s'empara tout de suite du mystérieux événement, et il fut convenu que c'était le diable qui avait expédié l'officier et emporté sa femme. D'autres prétendirent que la dame était le diable en personne, et cette version paraît être celle qui s'éloignait le moins de la vérité.

Depuis lors, le château avait pris le nom de *la Bretèque du Diable*, et on assurait que Belzébuth venait voir de temps à autre s'il n'y avait pas quelque âme d'officier à sa convenance.

II

Le dernier propriétaire de la Bretèque se nommait Annibal Caravoche et ne semblait pas homme à craindre le diable. Agé d'environ trente ans, très-brun, les cheveux coupés en brosse, la moustache bien cirée et poignardant le ciel, l'œil terrible, il portait d'ordinaire un gilet bleu à collet droit avec une rangée de petits boutons de métal, une redingote courte serrée à la taille et un pantalon large à plis. Une grosse canne à pomme d'or et un cigare à la bouche achevaient de lui donner l'air d'un officier de cavalerie en bourgeois.

Au café du *Commerce*, où il faisait tous les soirs sa partie de jacquet, on ne l'appelait pas autrement que le capitaine, et on contait que, durant ses campagnes de Crimée et d'Italie, il avait eu vingt duels dont il était toujours sorti vainqueur.

La vérité ne ressemblait pas tout à fait à ce brillant portrait : Annibal Caravoche était un ex-pharmacien de Bergues, sur qui le pantalon garance avait toujours exercé d'invincibles fascinations. Appartenant à une dynastie d'apothicaires devenus pharmaciens par le progrès de la vanité humaine, il avait dû refouler son amour de l'uniforme jusqu'au jour où la mort de son père l'avait laissé seul au monde.

Peu après, Annibal hérita une centaine de mille francs, plus la Bretèque, d'un cousin qu'il n'avait jamais vu et qui dans la famille était réputé pour un franc original. Il se rendit à Mons afin de toucher la succession et de visiter l'immeuble qui lui tombaient des nues. On lui conta la légende de la Bretèque.

En sa qualité de pharmacien, c'est-à-dire de quasi-médecin, il avait l'habitude de tout expliquer par des causes naturelles et ne faisait pas à Belzébuth l'honneur de croire qu'il existât. Il trouva qu'il serait plaisant de passer aux yeux des crédules Montois pour un officier qui n'avait pas peur du diable.

Comme, d'autre part, il avait, à son gré, débité assez longtemps la guimauve et la pâte de jujube à ses concitoyens, il céda sa pharmacie et alla vivre à Mons de ses rentes.

Il habitait la Bretèque depuis cinq ou six mois, et n'avait lié connaissance qu'avec un officier de santé du nom de Philoxène Rousselet, qui fréquentait comme lui le café du Commerce. Grave, haut sur cravate, s'écoutant parler, sachant tout et ne doutant de rien, racontant à tout venant ses malades et leurs maladies, le *docteur* Philoxène

Rousselet posait pour les palmes de la science, comme le *capitaine* Annibal Caravoche pour les lauriers de la guerre.

III

Malgré le bonheur que peut goûter l'âme d'un pharmacien à être regardée comme une âme intrépide, Annibal s'ennuyait. Un jour, il monta à son grenier et se mit à fureter par désœuvrement dans un tas de vieux bouquins que les rats y rongeaient depuis plus d'un siècle. Deux livrets de la *Bibliothèque bleue* attirèrent son attention. Le premier était intitulé :

Le véritable Dragon rouge ou l'Art de commander les esprits célestes, aériens, terrestres et infernaux, avec le secret de faire parler les morts, de gagner toutes les fois qu'on met aux loteries, de découvrir les trésors cachés, etc., suivi de la Poule noire, cabale qui était restée inconnue jusqu'ici.

Le second avait pour titre :

Le véritable Sanctum Regnum de la Clavicule,

ou la véritable manière de faire les pactes et les secrets de l'art magique du grand Grimoire.

Il les parcourut en souriant. *Le véritable Dragon rouge* lui enseigna la méthode à suivre pour évoquer « l'Esprit immonde. »

« Prenez une poule noire qui n'ait jamais pondu et qu'aucun coq n'ait approchée ; faites en sorte, en la prenant, de ne pas la faire crier ; rendez-vous sur un grand chemin, à l'endroit où deux routes se croisent ; là, à minuit sonnant, faites un rond avec une baguette de cyprès, mettez-vous au milieu et fendez le corps de la poule en deux, en prononçant ces mots par trois fois : *Eloïm, Essaïm*, etc., etc. »

Jusqu'alors Caravoche ne connaissait que les diables de haut parage, et dont la réputation est universelle : Satan, Belzébuth, Lucifer, Astaroth et le *diale don Pierre*, un diable des pays flamands qui, condamné à boire toute la bière que le cabaretier don Pierre volait à ses pratiques, devint si gros qu'un jour, n'en pouvant plus, il apparut à son bourreau épouvanté et lui demanda grâce.

Le *véritable Sanctum Regnum de la Clavicule* lui apprit la hiérarchie des démons : Lucifer, empereur ; Belzébuth, prince ; Astaroth, grand-duc ; Lucifugé, premier ministre ; Satanachia, grand général ; Fleuretty, lieutenant-général ; Nébiros, maréchal de camp, qui fait trouver la *main de gloire*, si utile à messieurs les voleurs.

Annibal descendit les petits livres pour en lire des passages à la vieille Aldegonde, sa gouvernante, et s'amuser de ses frayeurs. Quoique née *Cour des sorcières,* vers le quartier de Nimy, la vieille Aldegonde se signait au seul nom du diable.

Il trouva en bas le docteur Rousselet; il lui montra ses brochures et, tout en riant de la naïveté du style, les deux amis déplorèrent que les prêtres entretinssent ainsi la superstition dans les masses, — car enfin, la religion n'enseigne-t-elle pas que c'est le diable qui, sous la figure du serpent, a trompé la femme et perdu le genre humain ?

Cependant la présence de ces livrets diaboliques dans la Bretèque du Diable avait frappé Caravoche : cette coïncidence travailla sa tête inoccupée et lui valut un rêve étrange. Il se vit évoquant l'Esprit infernal, qui lui apparaissait sous la forme d'un énorme boa constrictor. Il fut tellement effrayé de cette vision, qu'il se réveilla en sursaut.

Il n'en voulut pas moins lire le *Dragon rouge* à Aldegonde, mais devant les terreurs de la bonne vieille, le rire expira sur ses lèvres.

Il savait que mainte fois la pharmacie avait prêté son concours à la sorcellerie. Pouvait-il croire au diable, quand les anciens apothicaires vendaient si souvent le diable en bouteilles ! Et cependant, son âme faible et qui admirait comme un être supérieur le mortel qui fait profession de se battre, se laissait envahir peu à peu par cette croyance à une créature surnaturelle et malfaisante.

L'homme existe bien : pourquoi le diable n'existerait-il pas ? Quelle que soit la Force qui a produit l'un, pourquoi ne serait-elle pas capable de produire l'autre ? Tout son matérialisme échouait contre ce point d'interrogation qui se posait sans cesse devant ses yeux.

IV

Il continua d'explorer les bouquins du grenier, et il y découvrit, pour l'achever, toute une collection de démonographes du seizième et du dix-septième siècle. Il lut successivement la *Démonomanie* ou *Traité des sorciers*, par Jean Bodin, lequel Jean Bodin croyait avoir, comme Socrate, un génie familier à ses ordres ; l'*Histoire véritable de ce qui s'est passé dans l'exorcisme de trois filles possédées au pays de Flandre, avec un Traité de la vocation des sorciers et des magiciens*, par Sébastien Michaëlis ; le *Traité de l'inconstance des démons*, par de Lancre ; les *Curiosités inouïes*, de Gaffarel ; les *Sciences occultes*, de Cornélius Agrippa, qui menait toujours avec lui un diable sous la forme d'un chien noir.

Ces livres mystérieux agirent aussi violemment sur sa cervelle que les romans de chevalerie sur celle de don Quichotte, avec cette différence qu'il n'y puisa pas une égale intrépidité. Bientôt même, l'étude des sciences cabalistiques tourna chez lui à l'idée fixe. Annibal ne pensait plus à jouer au soldat; il pâlissait, maigrissait, dormait peu et mangeait à peine.

L'automne arrivait d'ailleurs, amenant les longues soirées et leur cortége de terreurs fantastiques. Le malheureux n'osait, par respect humain, confier son état à son ami Rousselet, mais il avait d'interminables conférences avec la vieille Aldegonde, qui mourait de peur.

Un jour vint où Annibal s'alita. Aldegonde alla querir le docteur, qui la pressa de questions et lui fit tout avouer. Interrogé à son tour, le malade finit par se résoudre à une confession générale.

Non-seulement il croyait au diable, mais il avait acquis en démonologie une érudition qui effraya le docteur. Chaque nuit l'Esprit immonde lui apparaissait, et Annibal parlait de ces apparitions avec une telle netteté et une si vive conviction que le médecin sentait la folie le gagner.

Philoxène revint tous les jours, et, selon la méthode ordinaire, feignit d'entrer dans les idées du malade. Le pauvre homme n'y entrait que trop, et quelquefois, le soir, en regagnant son domicile, s'il entendait des pas derrière lui, il tremblait de sentir s'abattre sur son épaule la griffe de Belzébuth ou d'Asmodée, lequel, au dire de quelques-uns, n'est autre que l'ancien serpent qui séduisit Ève.

V

Un soir, entre chien et loup, comme la vieille Aldegonde était sortie pour quelque emplette, Annibal, qui allait beaucoup mieux, se mit sur son séant. Tout à coup, devant ses rideaux entr'ouverts, il vit passer rapidement deux bizarres créatures, noires de la tête aux pieds. Une sueur froide lui courut par tout le corps; il se laissa retomber sur l'oreiller et resta sans faire un mouvement.

Au bout de quelques instants, il reprit un peu de force, et, entendant du bruit dans la cheminée, il s'enfonça sous la couverture. Il demeura ainsi près d'un quart d'heure, n'osant remuer et tremblant de tous ses membres, lorsqu'il ouït une voix connue. C'était celle du docteur qui venait d'entrer et qui l'appelait par son nom.

Il souleva doucement la couverture et regarda d'un air hagard, sans pouvoir articuler un mot.

— Comment vous trouvez-vous? demanda Philoxène en lui prenant la main.

— Mal, docteur, murmura Caravoche si bas qu'on l'entendait à peine, je suis perdu. Ils sont là, dans la cheminée.

— Qui donc?

— Deux diables qui vont m'emporter.

— Encore vos idées !

Et il ajouta en lui tâtant le pouls :

— Vous avez en effet un peu de fièvre.

— Je vous répète, docteur, qu'ils sont là, dans la cheminée. Et, tenez, les entendez-vous ?

Depuis quelques jours, comme Annibal était en voie de guérison, le docteur avait pris le parti de le raisonner.

— Voyons, mon ami, lui dit-il, vous savez bien que le diable est un mythe qui a fait son temps et qui, au XIXe siècle, n'est plus bon qu'à figurer au théâtre avec musique de Meyerbeer. Comment un homme éclairé...

A ce moment, il se fit un grand bruit, et une masse noire tomba dans l'appartement. Elle fut suivie de deux êtres, également noirs, qui avaient l'air de deux habitants de l'autre monde. Le docteur, plus mort que vif, resta bouche béante. Il aurait bien voulu s'enfuir, mais ses pieds étaient cloués au parquet.

Il essaya alors d'exorciser les démons et chercha à se rappeler les prières qu'il récitait dans son enfance. Ne trouvant rien, il se retourna machinalement vers son ami comme pour réclamer son aide.

Son ami, ô terreur! n'est plus dans son lit!... Le docteur reporte les yeux sur les démons : il en voit un qui se charge d'un sac.

Plus de doute! le capitaine y est enfermé!... Tremblant d'être emporté dans l'autre, Philoxène ne fait qu'un bond jusqu'à la porte de la chambre et de là au bas de l'escalier.

Arrivé dans la rue, il se mit à crier de toutes ses forces :

— Au secours! le diable emporte mon ami!

VI

Aux cris du docteur, les voisins accoururent. Le bruit que le diable était dans la Bretèque se répandit comme un éclair, et bientôt la place fut pleine de monde. Naturellement, l'histoire grossit sur-le-champ, et ce ne fut plus un, mais dix, mais vingt diables qui faisaient leur sabbat dans la maison.

Il faut dire que les gens étaient admirablement préparés à une pareille aventure. Aldegonde n'avait pu tenir sa langue, et, depuis un mois, les terreurs de son maître et les siennes défrayaient les conversations du quartier.

Les apparitions nocturnes du diable à la Bretèque étaient un article de foi pour les vieilles qui croient fermement que le char portant les reliques de sainte Waudru, le *car d'or*, refuserait de marcher à la procession de la kermesse, s'il n'était traîné par des chevaux de brasseur, et qui mettraient en pièces quiconque s'aviserait de nier qu'avec l'aide de la Vierge, messire Gilles de Chin, chambellan de Hainaut, ait tué jadis un terrible dragon qui ravageait les environs de Mons.

Dans la bouche du docteur Rousselet, qui avait toujours traité de billevesées les propos d'Aldegonde, ces mots : « le diable emporte mon ami ! » avaient enfin un poids énorme et ne laissaient aucune place au doute.

Les plus hardis allèrent querir de vieux fusils, des bâtons, des tisonniers et des pelles à feu ; les plus effrayés parlèrent de brûler la maison, mais personne ne se hâtait d'y pénétrer, et, cependant, la foule grossissait de minute en minute.

Soudain parut sur le perron un singulier personnage, à la figure et aux mains noires, vêtu d'une longue chemise de flanelle blanche, plaquée de larges taches noires et pareille à un san-benito enfumé dont le porteur se serait échappé du bûcher.

— Le voilà ! voilà le diable ! crièrent cinq cents voix, et, comme le diable descendait en courant l'escalier de la Bretèque, la foule recula terrifiée. Une locomotive lancée à toute vapeur n'aurait pas mieux fait sa trouée. L'étonnante figure alla tomber sur la porte d'une maison qui se ferma à son approche.

Le malheureux diable ne remuant ni pied ni patte, le cercle finit par se resserrer, et déjà les plus forcenés levaient leurs bâtons, quand tout à coup on entendit ces mots : « Arrêtez ! arrêtez ! voilà M. le curé ! Il va le conjurer. »

C'était, en effet, le curé de Bernissart, l'écrivain le plus spirituel de la Belgique, que le hasard amenait en ce moment. Le digne abbé qui nous a laissé dans le patois de Mons des « scènes populaires » si vraies et si amusantes, comprit tout de suite de quoi il s'agissait. Au lieu de prononcer la formule de conjuration, il se pencha sur l'homme qui gisait à terre, lui mit la main sur le cœur, et dit :

— Je ne sais si cet homme est le diable, mais je puis vous affirmer que, si on ne l'emporte pas d'ici, avant cinq minutes c'est un homme mort.

Et comme personne ne faisait mine de bouger, il prit le moribond par dessous les bras, et ajouta :

— Voyons, qui veut m'aider ?

La nuit était venue tout à fait. A ce moment, la vieille Aldegonde avait fini par fendre la presse, grâce à une bouteille d'eau bénite qu'elle portait d'une main, et à une chandelle allumée qu'elle élevait de l'autre. Elle dirigea la lumière vers la pâle figure qui ballottait entre les bras du curé et soudain elle laissa choir le chandelier et la bouteille en s'écriant :

— Mais ce n'est pas le diable ! c'est mon maître ! c'est M. Annibal Caravoche !

— C'est le capitaine ! répéta la foule, et aussitôt vingt bras saisirent Annibal et l'entrèrent dans la maison. On l'enveloppa de couvertures, on le plaça devant le feu, on lui fit avaler quelques gouttes d'un cordial, et il ne tarda pas à reprendre ses sens.

Il promena sur les assistants un regard effaré, puis il murmura d'une voix faible :

— Sont-ils partis ?

De grands coups furent alors frappés à la porte, et le peuple, à qui on avait fait évacuer la maison, s'y précipita de nouveau en criant que les diables étaient toujours à la Bretèque, et que, pour les en chasser, on réclamait l'aide de M. le curé.

VII

Ce mouvement avait été adroitement provoqué par le docteur Rousselet, qui ramenait à la question la foule un moment dévoyée. Il voulait avoir le cœur net de cette bizarre aventure. Quoique son accès de peur fût passé, il ne tenait pas à vérifier le fait par lui-même, et il avait soufflé à ses voisins que le curé pouvait seul tirer la chose au clair.

Le curé sourit et, sans hésiter, se dirigea vers la Bretèque. Raffermis par la diversion involontaire que venait d'opérer le capitaine, quelques hommes suivirent son exemple et, armés de gourdins et de chandelles, pénétrèrent derrière lui dans le château.

A peine eut-on franchi le vestibule, qu'au bas de l'escalier qui menait au premier étage, on trouva un sac de suie. L'abbé avait déjà remarqué que l'accoutrement nocturne du capitaine exhalait une odeur qui n'avait rien de commun avec l'odeur de soufre que doit répandre tout diable sérieux et authentique. La découverte du sac lui fut un trait de lumière.

Suivi de son escorte, il monta l'escalier, parcourut toutes les chambres, arriva au grenier et finit par découvrir les diables — deux pauvres diables de ramoneurs à la raclette, blottis dans un coin, et plus morts que vifs.

Tout s'expliqua. Envoyés par Aldegonde, ils avaient dépêché leur besogne en gens qui ne tenaient pas à moisir à la Bretèque. L'ouvrage terminé, les cris de la foule les avaient effrayés et, laissant leur sac dans l'escalier, ils s'étaient sauvés au grenier.

Quand le docteur le supposait dans le sac, Annibal se cachait sous le lit, où il s'était glissé en priant les diables d'emporter seulement son ami. Lorsqu'il les avait crus sortis, il s'était enfui à son tour et, heurtant le sac dans l'obscurité, il avait roulé avec lui jusqu'au bas de l'escalier.

Ce fut un éclat de rire général. Le docteur, malgré sa gravité, rit plus haut que les autres; il poussa même la gaîté jusqu'à vouloir rosser les drôles qui avaient causé une si belle peur à son ami le capitaine.

Quant au pauvre Annibal, on le réintégra dans sa chambre, où il fit une grosse maladie, que le docteur soigna avec beaucoup de dévouement. Aussitôt rétabli, il vendit la Bretèque à un industriel qui la transforma en fabrique; puis, un beau matin, il décampa sans tambour ni trompette.

VIII

Il y a deux mois, j'ai rencontré Annibal Caravoche sur le boulevard Montmartre. Il a plus que jamais l'air d'un capitaine en retraite, et il m'a semblé, Dieu me pardonne ! que quelque chose fleurissait sournoisement à sa boutonnière.

TABLE

Ma première bonne fortune.	1
Le Paradis de Pipette.	19
Tribulations d'un myope.	41
La Maison aux Lilas.	61
Le Percepteur dans l'embarras	83
Alidor Cabanal.	103
La Tonne d'or	119
Histoire d'un Fou.	139
Les Faits et Gestes de mademoiselle Françoise.	145
Le Carnaval flamand.	159
Angélina Maginel.	189
Le Chat de la mère Michel.	201

Pierre-Joseph Récollette. 231
La Marmite renversée. 245
Le Chevalier au Cygne. 263
Le Mot de Cambronne. 281
La Bretèque du Diable 303

www.ingramcontent.com/pod-product-compliance
Lightning Source LLC
Chambersburg PA
CBHW060636170426
43199CB00012B/1568